Ich mag den klugen Wassermann

Ich mag den klugen Wassermann

Heiter-Besinnliches
über einen
unverwechselbaren
Menschen

Scherz

Zusammengestellt von
Hedwig Rottensteiner

Scherz Verlag, Bern, München, Wien
Alle Rechte an der Auswahl vorbehalten
Das Copyright der einzelnen Texte liegt bei den
im Quellennachweis genannten Inhabern.
Schutzumschlag mit Titelvignetten
von © 1996 Rosina Wachtmeister/
Verkerke Reprodukties NV – all rights reserved

Inhalt

Ordner der Welt 7

Sein Geheimnis in der Liebe 16
Allem auf den Grund gehen

Die dunklen Seiten 19
Messen mit zweierlei Maß

Kleines Psychogramm 23
Der Wassermann ist der geborene Freund

Mein Herzblatt – Roald Dahl 25

Freie Liebe 46

Man kommt nach Haus und ist nett – Lars Ahlin 50

Dichterlesung in Funzwang – Thaddäus Troll 61

Traumpartner der Liebe 69
Er ist anders als andere Männer
Sie ist faszinierend unkonventionell

Der Scheinwerfer – Virginia Woolf   82

Sinnlichkeit im Zeichen des Wassermanns   89
Die Wassermann-Frau kennt keine Tabus
Der Wassermann-Mann – ein Connaisseur der Ouvertüre

So fängt man's an   96
Den Wassermann muß man verführen – aber mit Niveau

Das Bureau d'Echange de Maux – Lord Dunsany   99

Risikofreudigkeit im Beruf   106
Den Wassermann muß man verführen – aber mit Niveau

Das liebe Geld   108
Geben ist seliger denn Nehmen!

Der Wassermann-Chef sieht die großen Linien   110

Als Angestellter ist er ein Avantgardist   115

Die Versetzung – Heinrich Seidel   120

Quellennachweis   126

Ordner der Welt

In den sechziger Jahren sprach alle Welt vom Zeitalter des Wassermanns. Man erwartete eine neue Weltordnung ohne Kriege, in der jeder jeden lieben würde und durch den Nebel von Marihuanarauch ein neues Utopia sichtbar werden sollte.

Dann aber kam das Unbehagen. Es kamen Terrorismus, Revolution, bewaffnete Konflikte, Energieverknappung und allgemeine Not. Hat man vom Zeitalter des Wassermanns etwas Falsches erwartet? Ist es überhaupt gekommen? Und hat der Wassermann wirklich etwas mit Liebe, Brüderlichkeit und Flower-Power zu tun?

Es wäre richtiger zu sagen, daß der Wassermann mit Idealen zu tun hat – und die Ideale von Liebe und Brüderlichkeit gehören zu den vielen anderen, die sich im Geist des vorausschauenden Wassermanns formulierten. Besonders sind es Ideale vom Wohlergehen der Menschheit, von großen Gruppierungen und von der Zukunft der Gesellschaft.

Im großen gesehen, hat der Wassermann mit Wissenschaft, Weisheit, Entdeckungen und Erfindungen zu tun, die das Geschick der Menschen in kommenden Generationen günstig beeinflussen werden. Freiheit, Gleichheit, Brüderlichkeit – der Aufschrei der Französischen Revolution – ist in vieler Hinsicht ein Herzensschrei des Wassermanns. Die edelsten menschlichen Ideen stammen von diesem letzten der Luftzeichen, das in seiner tiefsten Bedeutung den Genius des menschlichen Forscherdrangs symbolisiert, der bis zur äußersten Grenze die Natur mit dem menschlichen Willen bezwingen und die Menschheit in eine zivilisierte Gesellschaft umwandeln will.

Was ist also aus dem Zeitalter der Liebe und Brüderlichkeit geworden? Dasselbe, das vielen Wassermännern widerfährt. Das Ideal war seiner Zeit voraus; es stieß frontal mit der Realität der menschlichen Natur zusammen, die sich nicht allein aus Idealen heraus erklären und regieren läßt. Ohne Ideal kann es keinerlei Fortschritt geben, aber das Verankern von Idealen braucht Zeit, Flexibilität und eine Feinfühligkeit, die bis an die Grenzen der menschlichen Natur geht. Der Wassermann ist auf allen drei Gebieten nicht gerade überbegabt. Gewöhnlich ist er sehr ungeduldig und möchte sein Ideal sofort in Fleisch und Blut vor sich haben. Obwohl er wahrheitsliebend ist, fällt es ihm schwer, flexibel zu sein. Und er hat kaum Verständnis und bringt auch nicht die Geduld auf, um mit der Kehrseite der menschlichen Natur fertig zu werden.

Dies ist die Gabe und der Fluch des Wassermanns. Sein Symbol ist der Wasserträger. Er trägt den Krug, um den Menschen das Wasser des Lebens zu bringen – macht sich aber nicht die Hände naß. Als Luftzeichen findet der Wassermann seine Wirklichkeit in seinen Idealen. Er befaßt sich mit Dingen, die sich mehr auf die Gesamtheit als auf den einzelnen beziehen. Sozialarbeit, Menschenrechte, Erziehung und Politik liegen dem vorausschauenden Wassermann, der die Welt in Ordnung bringen will. Es ist wirklich das Zeichen von Freiheit, Demokratie und Gleichberechtigung. Der Wassermann ist, soweit es seine Ideale betrifft, ein wirklicher Demokrat. Eine seiner besten Eigenschaften ist sein Sinn für Gerechtigkeit und Anstand. Sein Gewissen ist stark ausgeprägt und oft so entwickelt, daß es ihm das Leben unerträglich macht. Er hat einen Horror davor, als selbstsüchtig zu erscheinen, was zwar sehr edel ist, psychologisch jedoch nicht sehr gesund. Ungeachtet seiner privaten Neigungen und Abneigungen, hält er unerschütterlich an seinen Vorstellungen fest. Dabei geht es ihm um die objektive Perspektive, das breite Spektrum, um Ethik und Prinzipien, nach denen er glaubt leben zu müssen. Und natürlich hat er sich der Wahrheit verschworen. Aber es gibt für ihn meistens nur eine Wahrheit.

Auch wenn er jemanden bitter haßt, wird er ihn dennoch anständig behandeln, denn der ist, wie furchtbar er ihn auch finden mag, immer noch ein Mensch, und jedes menschliche Wesen hat seine Rechte. Vielleicht wünscht man sich manchmal, er wäre ehrlich unfair, aber nein. Gerecht muß gerecht bleiben.

Viele Wassermänner müssen für ihren häufig falsch verstandenen Einsatz für die Gesellschaft mit der Vergeltung durch deren konservativere Elemente rechnen. Viele große Denker und Erfinder, deren Entdeckungen nicht dem persönlichen Erfolg oder Nutzen, sondern dem Vorteil der Menschheit dienen, sind unter diesem Zeichen geboren. Beim Zeichen des Wassermanns ist die Liste der edlen und mutigen, ganz ihrer Aufgabe hingegebenen Idealisten besonders lang. Kann man über dieses Zeichen überhaupt etwas Negatives sagen?

Ja, man kann; denn je näher man ans Ende des Tierkreises kommt, desto komplexer werden die Zeichen. Sie fallen immer mehr in Extreme, und beim Wassermann und den Fischen wird das Spektrum der menschlichen Stärken und Schwächen sehr breit. Der Wassermann hat etwas an sich, das man nur als intellektuelle Bigotterie bezeichnen kann. Aus dem mutigen Festhalten an Idealen kann sturer Fanatismus werden. Dann haben wir den besessenen Wissenschaftler ohne Herz, der in der heutigen Zeit wie eine Karikatur wirkt. Er ist der Mann, der eine neue Waffe entwickelt, weil sie wissenschaftlich interessant und ungeheuer wirkungsvoll ist, ohne daß ihm aufgeht, daß die Menschen nicht die psychologische Reife und das Verantwortungsgefühl haben, mit ihr umzugehen. Er ist auch der Mann, der sich über die paar Menschen keine Sorgen macht, die bei einem Fehler in einem Kernreaktor geschädigt werden können – oder er vertuscht das wahre Ausmaß der Radioaktivität in der Atmosphäre, weil es ja schließlich nur um wenige Menschen geht, und die spielen im Vergleich zu Fragen der nationalen Verteidigung keine Rolle.

In die Schattenseite des Wassermanns gehören auch die Weltverbesserer, die an einen utopischen Staat glauben, in dem der Reichtum auf alle verteilt wird und in dem alle Menschen gleich sind, ohne auf die Tatsache einzugehen, daß die Menschen verschieden sind und sich solchen Bedingungen nicht anpassen können. George Orwells Buch *1984* ist die Schreckensvision eines aus allen Fugen geratenen Zeitalters des Wassermanns.

Wie steht es nun mit dem einzelnen Wassermann-Menschen? Sehr typisch: Er hat beide Extreme in sich – die Liebe und die Sorge für das Wohlergehen der Gesamtheit und die private, intellektuelle Bigotterie. Seine Ideale und sein wahrer Sinn für Demokratie lassen sich sofort erkennen. Auch der unpolitische Wassermann, der keiner Partei oder Bewegung anhängt, wird oft in seiner Firma für die Unterprivilegierten kämpfen. Wegen seiner Ideale ragt er aus der Menge heraus. Er denkt über andere Menschen, über ihre Bedürfnisse und Möglichkeiten nach. Und dieses *Denken* ist in einer Zeit der Schlagworte und Meinungen eine seltene Erscheinung.

Andererseits macht er sich nicht viel aus Einzelwesen. Der Wassermann liebt die Menschheit, aber nicht die Menschen. Er kann brüsk, kühl, gefühllos, starr, dogmatisch und einfach dumm sein, wenn es um die Kompliziertheit menschlicher Beziehungen geht.

Emotionen machen Wassermänner verlegen; sie finden die eigenen ebenso wie die anderer peinlich. Dieses Zeichen ist stolz und beherrscht und betrachtet Gefühlsäußerungen als Schwäche. Tränen nützen bei Wassermännern wenig. Er geht weg, beschäftigt sich mit etwas anderem oder sitzt einfach still da und beobachtet den Kummer des anderen. Auf Trostworte oder Entschuldigungen wartet man vergeblich. Er sagt höchstens: «Wenn du fertig bist, können wir vernünftig reden.» Sollte das weitere emotionale Äußerungen provozieren, weil er so absolut nichts begriffen hat, wird er nur kühl bemerken: «Nun fang nicht wieder mit einer neuen Szene an. Mußt du immer so egoistisch sein? Können wir nicht über etwas anderes reden? Schließlich leiden und sterben Menschen überall auf der Welt.» Nachdem er es geschafft hat, daß man vor Scham über den Gefühlsausbruch in den Boden versinken möchte, ist er recht selbstzufrieden. Ist es ihm doch gelungen, die «wahrhaft wichtigen Dinge» ins rechte Licht zu rücken.

Es liegt auf der Hand, daß nicht alle Wassermänner so gefühllos sind. Besonders Wassermann-Frauen können voller Hingabe und Loyalität sein. Aber auch hier sind die Gefühle so mit ihren Idealen und Moralvorstellungen verknüpft, daß sie sich nur schlecht an die Veränderungen und Nuancen von Beziehungen anpassen können. Bei all der Besessenheit von den Rechten anderer, was sie sein oder nicht sein und tun oder nicht tun sollten, vergessen sie sich selbst, und zwar so sehr, daß sie die eigenen Gefühle zerstören, weil sie sie nicht ausdrücken können.

Der Wassermann ist ein glänzender Logiker. Er kann vernünftig, rational und oft brillant diskutieren. Wird er herausgefordert oder mit dem Kummer eines anderen konfrontiert, ist ihm von Anfang an alles klar. Er kann es rational und analytisch darlegen und kennt alle Antworten. Er hat die Gabe, menschliches Verhalten analysieren zu können – viele Wassermänner werden hervorragende Psychologen –, und wird Ihnen darum genau sagen können, wo die Motive sind, warum jemand dies oder das gesagt hat und wo die Lösung des Problems liegt. Das macht er so sauber und endgültig, daß man ihn hemmungslos bewundern muß. Leider bleibt dabei kein Platz für Gefühle übrig.

Menschen sind für den Wassermann Mechanismen – herrliche, göttliche Mechanismen, aber nichts anderes. Und der so belesene Wassermann, der alles über die Psyche weiß und voller Eleganz über sie sprechen kann, weiß häufig nichts über sich selbst. Das liegt daran, daß er nicht weiß, was er fühlt – er hat nur eine Idee davon. Eine Idee über das, was er zu fühlen glaubt, was er glaubt, fühlen zu müssen oder nicht fühlen zu müssen, und was er glaubt, was andere über das denken können, was er zu fühlen glaubt. Schlichte Sätze wie: «Ich liebe dich» oder «Ich hasse dich» oder «Ich bin wütend auf dich», fallen ihm sehr schwer.

Er hat eben ein tiefes, komplexes Naturell. Es fehlt ihm durchaus nicht an Gefühlen, aber er hat oft Angst vor ihnen. Der Wassermann ist ein echtes Luftzeichen. Was geistig erfaßt werden kann, ist sicher, weil es mit der Vernunft angehbar ist. Was nicht zu verstehen ist, wird oft auf das Gebiet des Imaginären oder Emotionellen abgeschoben, gefürchtet oder einfach fortträsoniert. Bleibt in einem so großartigen Wesen noch Platz für Romantik? Ja, aber meist unbewußt. Der Wassermann kann verlegen und linkisch werden, wenn sich das Thema romantischen Dingen zuwendet. Er ist der Mann, der einzig aus Geniertheit seiner Frau zwanzig Jahre lang nie Blumen mitbringt. Er versteht einfach nicht, daß jemand Sehnsucht nach Schmeicheleien, Komplimenten und sentimentalen Beweisen der Zuneigung hat. Alles muß für ihn einen Grund haben. Seine Liebe kann sehr tief sein, aber er wird sie nicht oft zeigen, und vor allem nicht auf die gängige Art, die eine Liebesbeziehung so erfreulich macht. Er ist fähig, einem geliebten Menschen sein Leben zu opfern, aber dieser geliebte Mensch würde gelegentlich am liebsten sagen: «Das ist ja sehr nett von dir, aber Blumen hätten es auch getan.»

Geht es andersherum um eine Wassermann-Frau, verändert sich die Basis. Da wird sich der Mann sehr oft beklagen: «Sie ist so gut, so anständig, so diszipliniert, daß ich mir ganz verantwortungslos und egoistisch vorkomme.» Jeder, der ständig selbstlos ist und nach Prinzipien lebt, kann einen geringeren Sterblichen dazu treiben, miese Dinge zu tun, nur um eine normale menschliche Reaktion auszulösen.

Der Wassermann muß lernen, in seine abstrakte Liebe zur Menschheit auch sich selbst und die ihm nahestehenden Menschen einzubeziehen. Diese simple Tatsache entgeht ihm leicht. Dabei ist gerade sie ein wichtiger Bestandteil des Ideals der Liebe. Einige Zeichen des Tierkreises sind begabter für enge Beziehungen als andere. Der Wassermann hat auf diesem Gebiet größere Schwierigkeiten als jedes andere Zeichen, weil er so wenig Gefühle für Persönliches – die eigene Person mit einbegriffen – hat.

Für den Wassermann ist das Wissen immer dem blinden Glauben überlegen. Abergläubische Hingabe ist nichts für ihn, und auch gegenüber unerklärter Autorität bringt er keine Geduld auf. Für ihn sollte jedes Einzelwesen sein eigener oberster Richter sein. Und wenn es sein muß, wird er mit den Göttern den Kampf aufnehmen, um ihnen ihre Geheimnisse zu entreißen.

Der leidenschaftliche Wissenschaftler, der die Geheimnisse der Materie und des Universums auslotet, ist der wahre Wassermann. In früheren Zeiten wurde dieser der Wahrheit verschriebene Forscher als Ketzer auf dem Scheiterhaufen verbrannt, weil er sich gegen Autorität und Religion stellte. Der Preis, den der Wassermann für seine Wahrheitssuche bezahlen muß, ist oft ein tiefempfundenes Schuldgefühl. Er hat nämlich eine konventionelle Seite, die für Gesetz und Ordnung ist. Der Wassermann hat zwei planetarische Herrscher, *Saturn* und *Uranus*. Saturn, das Symbol der Struktur und Ordnung, schenkt dem Geist des Wassermanns diese beiden Eigenschaften. Darum liebt er Prinzipien und braucht für sein Leben einen strengen Moralkodex. Aus diesem Grund können so viele Wassermänner starr intellektuell in ihren Ideen sein und diszipliniert leben. Saturn ordnet ihre Gedanken und erfüllt sie mit Verehrung der Tradition, der Geschichte und der klaren Regeln.

Der andere Regent, Uranus, ist der Erfinder, der Zauberer, der Befreier. Er ist der Planet, der den ausgeprägten Freiheitsdrang des Wassermanns, das Zerreißen des Schleiers der Geheimnisse und das Zerbrechen kleinlicher Strukturen symbolisiert. Bei vielen Wassermännern dominiert der Uranus-Einfluß, so daß sie in irgendeiner Form zu Bilderstürmern werden. Sie schüren Rebellionen, weil Uranus sie treibt, die Freiheit zu suchen. Die beiden planetarischen Herrscher geraten sich oft ins Gehege. Der Wassermann wird zwischen seiner Liebe zur Wahrheit und seiner Achtung vor der Tradition hin und her gerissen. Sein Forschergeist und seine Neugier auf das Leben lösen häufig mehr Zerstörung als Aufbau aus, denn seine Erfindungen und Erkenntnisse geben uns Menschen eine Macht, mit der wir nicht richtig umgehen können. Aber das Zeichen des Wassermanns löst auch immer Hoffnung aus, denn sein Glaube an das Menschenmögliche und die menschliche Natur ist tief und ihm angeboren. Aus diesem Grund bevorzugen viele Wassermann-Menschen eine demokratische oder sozialistische Regierungsform – sie glauben daran, daß der Einzelmensch in der Lage sein wird, frei zu entscheiden und das Wohl seiner Mitmenschen als vornehmstes Ziel zu sehen. Ob der Wassermann mit dieser Annahme recht oder unrecht hat, darüber herrscht in vielen Ländern der Erde Unruhe oder Krieg. Aber vom Standpunkt des idealistischen Zeichens aus bleibt immer Hoffnung.

Sein Geheimnis in der Liebe

Allem auf den Grund gehen

Der Wassermann schüttet sein Wissen aus, entschlossen und besorgt, es zu teilen, bevor er diesen Planeten verläßt.

Ein Rätsel für Freunde und Familie, tollt der Wassermann mit den im Herzen Junggebliebenen umher – was verwundert, da seine Weisheit und Erfahrung im direkten Kontrast zu diesem ungezwungenen, exzentrischen Verhalten stehen. So viele Geheimnisse wurden in der Vergangenheit übersehen, weil es keine Zeit gab, sie zu untersuchen. Nun muß der Wassermann sie alle kennenlernen – muß alle Nuancen des Auf und Ab, des Rechts und Links, des Wollens und Nichtwollens erforschen. Er erfreut sich daran, andere zu schockieren, da er sich einer Fähigkeit bewußt ist, die ihm auf unerklärliche Art erlaubt, einen Blick in die Zukunft zu werfen. Überraschend intuitiv und strotzend von unerwarteten Blitzen telepathischer Bilder, prüft die Wassermann-Seele Menschen und Ideen ohne Gefühlsregung und entdeckt die Wahrheit ohne erkennbare Logik oder spürbare Mühe.

Die Wassermann-Seele neigt dazu, Gesetz und Autorität an den Pranger zu stellen, da sie im Geiste schon in der Zukunft lebt. Der Wassermann weiß, daß die strengen Gesetze der heutigen Gesellschaft früher oder später liberaler gestaltet werden müssen. Daher sieht er keinen vernünftigen Grund, etwas zu respektieren, was sicher schon morgen in etwas Neues, ganz anderes führen wird. Sollte eine blutige Revolte notwendig sein, um Toleranz, Brüderlichkeit und Verständnis hervorzubringen, so glaubt der Wassermann, daß der Zweck in diesem Fall die Mittel heiligt. Obwohl er Veränderungen der Welt (und seiner Freunde und Familie) befürwortet, beharrt er auf seinen eigenen persönlichen Meinungen, seinem Wertesystem und seinem Lebensstil und spiegelt hiermit die widersprüchliche Natur des herrschenden Planeten Uranus wider.

Für den unvoreingenommenen Wassermann ist jeder Mensch ein Freund. Doch werden vielleicht persönliche Beziehungen vernachlässigt, da er einem Idealismus folgt, der auf den Nutzen der Gesellschaft im allgemeinen bezogen ist. Wie das Wassermann-Zeitalter, das sie reflektiert, hat diese Seele eine goldene und glorreiche Zukunft im Auge, die vielleicht nur erreicht werden kann, indem man alte Gepflogenheiten und altmodische Ideen über Bord wirft. Sollten konservativere Menschen sich von dem Uranus-Verhalten verletzt fühlen, so lacht der Wassermann-Individualist nur über diese Mißbilligung. Intuitiv die Zukunft vorausahnend, erwidert der Wassermann auf alle Fragen: «Ich weiß», und weigert sich störrisch zu erklären, *wie* er weiß. Nur Kindern gegenüber verhält er sich anders, da diese in ihrer eigenen Unschuld jenes Stadium der unschuldigen Unkompliziertheit verstehen, die die Seele unter dem Einfluß des Uranus auszeichnet.

Die positiven Eigenschaften des Wassermanns sind Weitsicht, Individualität, Toleranz, Freundlichkeit, Erfindungsgabe, Originalität und Genius. In der negativen Form kommt dies zum Ausdruck in Exzentrik, Neurosen, Absonderung, Geistesabwesenheit und in der Weigerung zur Zusammenarbeit. Für den Wassermann bedeutet

Liebe eine besondere und selbstlose Emotion, die erforscht und genossen werden muß. Der Wassermann versteht den Umfang der Liebe und prüft all ihre Dimensionen, doch zerstreut er sie auch sorglos, da er sie mit Freundschaft verwechselt. Die körperliche Erfüllung läßt ihn gefühlsmäßig leer und immer noch sehnsuchtsvoll, da er den Zauber der Einheit mit dem Partner nicht ganz spüren kann – die endgültige Wahrheit der Liebe, die ruhig auf ihre Entdeckung wartet.

Die dunklen Seiten

Messen mit zweierlei Maß

Die dunkle, geheime Seite des Wassermanns, der er sich nicht stellen mag, entspringt seiner totalen Hingabe an seine Moralvorstellungen. Wo der bewußte Wassermann nach Selbstlosigkeit strebt, ist seine Schattenseite absolut ichbezogen; wo im normalen Leben seine Hingabe an andere oft unübertroffen ist, strebt sein Schatten danach, seine Machtposition auszubauen.

Besonders in Situationen, in denen der Wassermann sein ideologisches Steckenpferd reitet, kann man seinen Schatten sichtbar werden sehen. Er kämpft um den Platz in der Mitte der Bühne und stößt jeden herunter, der zufällig nicht mit ihm übereinstimmt. Das unterdrückte Bedürfnis, etwas Besonderes zu sein, treibt den sonst so Übervernünftigen zu einem merkwürdig unvernünftigen Benehmen. Als Ergebnis davon kann er das, was er predigt, nicht ausüben, schon gar nicht in seinen persönlichen Beziehungen. Gleichheit ist etwas Gutes für die Menschheit, aber nicht für seinen Partner.

Eine weitere seiner Schattenseiten hängt eng mit der ersten zusammen. Es ist seine geheime Sehnsucht, von allen geliebt und bewundert zu werden – sie ist so stark, daß er oft gegen seine Prinzipien zu etwas gedrängt werden kann, einfach aus der Furcht heraus, was andere von ihm denken könnten. Manchmal wird das als Charakterschwäche oder Unbestimmtheit ausgelegt, weil es neben seinem sonst üblichen Mut zur eigenen Überzeugung einigermaßen überraschend wirkt.

Alles zusammen läßt sich mit einem sehr wenig erfreulichen Wort ausdrücken: Heuchelei. Sie ist die größte Gefahr und die größte Schwäche des Wassermann-Temperaments. Er sagt das eine und tut oft unbewußt das andere. Häufig leiden die ihm nahestehenden Menschen am stärksten darunter. Beispielsweise seine Ideale der Gleichberechtigung: Darüber reden viele Wassermänner sehr wortgewandt, ob es nun um die Gleichheit zwischen Rassen, um Glaubensfreiheit oder Gleichberechtigung der Geschlechter geht; einmal warmgelaufen, können sie Stunden bei diesem Thema bleiben. Im Privatleben aber legen sie häufig eine stark ausgeprägte Intoleranz an den Tag, besonders gegenüber Menschen, die die von ihnen so gefürchteten und verachteten Gefühle und «Unvernunft» zeigen. Seine Frau bekommt nicht viel «Gleichheit» zugemessen, weil man einfach nicht von ihm verlangen kann, etwas zu akzeptieren, das nicht logisch unterbreitet wird. Auch seine Kinder sind selten gleichberechtigt; für seinen Geschmack sind ihre Ansprüche zu egoistisch oder zu gefühlsbeladen. Die echte «Gleichheit» reserviert er für verbale Debatten, bei denen er seinem Gegner jedoch immer das Recht zum Reden zugesteht. Aber Gleichheit des Herzens kann ihm schwerfallen, weil sein Konzept der Gleichberechtigung auf das Gebiet der Ideen und des Verstandes beschränkt ist.

Ein weiterer Bestandteil der widersprüchlichen Schattenseite des Wassermanns ist seine Neigung, jeden und alles zur reformieren. Auch das widerspricht im Grunde seinem Glauben an die Freiheit der Meinungsäußerung. Deutlich gesagt heißt das: Jeder darf glauben, was er will, solange es ihm recht ist. Widerspricht man einem eifernden Wassermann bei seinem Lieblingsthema – etwa Gleichberechtigung der Frau, Sozialismus, Verteilung des Reichtums, Ökologie –, wird man sehr kurz abgefertigt. Dann ist es mit der Gleichberechtigung nicht weit her. Wer ihm nicht zustimmt, den wird er eben dazu bringen! Daß das ein Widerspruch ist, erfaßt der Wassermann nicht.

Nun ist aber dieses Messen mit zweierlei Maß des Wassermann-Schattens keine Absicht. Er sieht es wirklich nicht und weiß nichts davon. Wenn er es wüßte, wäre er ehrlich entsetzt; er will doch nicht unfair sein. Wahrscheinlich kommt diese seltsame Schattenseite daher, daß er so strenge und hohe Erwartungen an sich und andere stellt. Seine Versuche, die menschliche Natur zu reformieren, sind im Grunde Projektionen seines Glaubens, sich selbst reformieren zu müssen. Er merkt nur leider nicht, daß man mit solchen Versuchen am besten bei sich selbst beginnt, nach der alten Regel: «Praktiziere, was du predigst.» Die Wassermänner tun es meistens nicht.

Ihren Typ trifft man oft unter Akademikern. Sie wissen sehr viel über die Strukturen, Techniken, Mechanismen und Verhaltensweisen ihres Lieblings-Studienobjekts, des Menschen, aber sie können dieses Wissen nicht auf das eigene Verhaltensmuster anwenden. Weil der Wassermann meist wenig Kontakt zu den eigenen Gefühlen hat, schleichen sie sich heimlich ein und bringen ihn dazu, Dinge zu tun, die er nicht sieht oder begreift. Ärger, Abneigung, Eifersucht, Sehnsucht, Verlangen, Hilflosigkeit, Angst – das ganze Puzzlespiel normaler menschlicher Schwächen – ist etwas, das er nicht zur Kenntnis nehmen will. Es macht ihn nervös. Er selbst hat diese Schwächen wie jeder andere auch; er sieht sie nur nicht.

Dem Schatten des Wassermanns begegnet man beim Wassermann-Politiker, der für die Gleichberechtigung kämpft, aber seine Familie schlecht behandelt und ihr keine Luft zum Atmen läßt; beim Wassermann-Psychologen, der alle Theorien kennt, aber seine eigene seelische Krankheit nicht sieht; beim Wassermann-Arzt, der alle Energie und Kraft für seine Patienten einsetzt, während seine Familie ohne ärztliche Hilfe bleibt... Die Liste ist lang.

Für den Wassermann ist es besonders wichtig, sich der Schattenseite bewußtzuwerden. Wenn Ideale überhaupt etwas wert sein sollen, müssen sie nicht nur mit Mitgefühl, sondern auch mit Realismus gekoppelt sein. Die menschliche Natur ist nicht vollkommen – und ganz bestimmt nicht vollkommen genug, um den Ansprüchen vieler Wassermänner zu genügen. Absolute Selbstlosigkeit gibt es einfach nicht. Wie die anderen Luftzeichen denkt der Wassermann nicht daran, daß wir, obwohl wir unseren Kopf im Himmel haben, mit den Füßen auf der Erde stehen und daß unser Körper in seiner Entwicklung erst das Tierreich durchlaufen mußte. Für den Wassermann ist der Mensch keine dualistische Kreatur; er ist ein Sohn der Götter. Wenn der Wassermann erfaßt, daß nicht nur der Geist, sondern auch die Gefühle, die Träume und der Körper des Menschen göttlich sind, kann er das werden, was er im Herzen ist: Visionär und Prophet, Diener und Helfer der Menschheit, im Kleinen und im Großen.

Kleines Psychogramm

Der Wassermann ist der geborene Freund

Auf jedem Gebiet sind die Wassermann-Geborenen beispielhafte Kommunikatoren. Sie reden gern und sind aufgeschlossen. Ihre freundliche, idealistische, doch unpersönliche Art der Annäherung an andere machen sie in jeder Gruppe oder Organisation zum geschätzten Mitglied. Der Wassermann ist der geborene Freund.

Er ist beredt und logisch, mit einem umfassenden Verstand begabt, der immer auf der Suche nach neuen Ideen und Tatsachen ist. Der Wassermann verfügt über die fast unheimliche Fähigkeit, freundlich und herzlich aufzutreten und dabei doch im Gespräch völlig objektiv zu bleiben und über den Dingen zu stehen. Hierin liegt eine der wichtigsten Voraussetzungen für gute zwischenmenschliche Beziehungen.

Doch muß sich der Wassermann davor hüten, allzuviel zu reden. Er sollte dem Partner Gelegenheit geben, sich ebenfalls zu äußern, und ihm dabei auch zuhören. Einem fixierten Zeichen unterworfen, kann der Wassermann in seinen Ansichten übertrieben starr verharren. Hat er sich für etwas entschieden, ist er schwer umzustimmen. Das verhindert oft eine womöglich vielversprechende Kommunikation. Er muß sich auch davor hüten, sich anderen – mindestens bestimmten Typen – gar zu unkonventionell und exzentrisch zu nähern.

Freundlich, doch kühl und über den Dingen stehend sei die Annäherung an Menschen, die im Zeichen des Wassermanns geboren wurden. Sogar unpersönlich darf man sich geben. Der Wassermann-Typ fühlt sich unbehaglich, wenn man allzu gefühlsduselig wird oder ihm gar auf die Pelle rückt. Ob ihm radikale, einmalige oder völlig neue Ideen vorgetragen werden, ist dem Wassermann gleich, wenn sie nur logisch klingen. Der Gesprächspartner sollte seine Meinungen mit Beispielen und Zitaten aus jüngster wissenschaftlicher Forschung, Statistik oder den gerade gültigen sozialpolitischen Theorien untermauern. Wassermänner haben eine Schwäche für Theorien.

Je wissenschaftlicher ein Gespräch, desto besser. Die Wassermann-Geborenen sind mathematisch und wissenschaftlich begabt. Wer darauf eingeht, kann sich ihnen leichter mitteilen. In geselliger Runde redet man mit Wassermann-Menschen über Gruppen- und Vereinsleben, Technik, Wissenschaft und neue Erfindungen. Davon ist der Wassermann fasziniert.

Roald Dahl

Mein Herzblatt

Seit vielen Jahren bin ich gewohnt, ein Mittagsschläfchen zu halten. Ich setze mich in einen Sessel im Wohnzimmer, ein Kissen hinter dem Kopf, die Füße auf einem viereckigen Lederhocker, und lese, bis ich einschlummere.

So hatte ich es mir auch am Freitag nachmittag in meinem Sessel bequem gemacht und genoß die Lektüre eines meiner Lieblingsbücher – Doubleday und Westwoods The Genera of Diurnal Lepidoptera, ein Werk über Tagfalter –, als meine Frau, die noch nie zur Schweigsamkeit neigte, vom Sofa aus das Wort an mich richtete: «Du», begann sie, «wann kommen eigentlich diese beiden Leute?»

Ich antwortete nicht, und sie wiederholte die Frage, diesmal erheblich lauter.

Ich teilte ihr höflich mit, daß ich es nicht wüßte.

«Ich finde sie nicht sehr sympathisch», fuhr sie fort. «Und ihn mag ich noch weniger als sie.»

«Nein, Liebes. In Ordnung.»

«Arthur! Ich sagte, sie sind mir nicht sehr sympathisch.»

Ich ließ mein Buch sinken und blickte zu ihr hinüber. Sie lag auf dem Sofa und blätterte in einem Modejournal.

«Wir waren ja erst einmal mit ihnen zusammen», erwiderte ich.

«Ein schrecklicher Mann, wirklich. Erzählte pausenlos Witze oder Geschichten oder was weiß ich.»

«Du wirst schon mit ihnen fertig werden, Liebes.»

«Und sie ist nicht viel besser als er. Wann, glaubst du, werden sie kommen?»

«Wahrscheinlich gegen sechs.»

«Aber findest du sie nicht auch gräßlich?» fragte sie und deutete mit dem Finger auf mich.

«Nun . . .»

«Sie sind einfach unausstehlich, jawohl, das sind sie.»

«Wir können jetzt kaum noch absagen, Pamela.»

«Sie sind das absolut Letzte.»

«Warum hast du sie dann eingeladen?» Die Frage entschlüpfte mir unwillkürlich und zu meinem größten Bedauern, denn ich habe es mir zur Regel gemacht, meine Frau nie herauszufordern, wenn ich es irgend vermeiden kann. Eine Pause trat ein, und während ich auf Antwort wartete, betrachtete ich das Gesicht meiner Frau – dieses große, weiße Gesicht, in dem etwas so seltsam Faszinierendes war, daß es mir oft nicht gelingen wollte, den Blick davon abzuwenden. Abends, wenn sie an ihrer Stickerei arbeitete oder ihre kniffligen kleinen Blumenbilder malte, straffte sich mitunter das Gesicht und spiegelte eine geheimnisvolle innere Kraft wider, die unsagbar schön war, und ich konnte nichts anderes tun, als es wie gebannt anstarren, während ich vorgab zu lesen. Selbst jetzt, mit dem verdrossenen, bitteren Blick, der gerunzelten Stirn, der ärgerlich gekrausten Nase, hatte diese Frau unleugbar etwas Majestätisches an sich, etwas Grandioses, fast Überwältigendes. Hinzu kam, daß sie sehr groß war, viel größer als ich – obgleich man sie heute, in ihrem einundfünfzigsten Jahr, eher massig als groß nennen müßte.

«Du weißt sehr gut, warum ich sie eingeladen habe», sagte sie in scharfem Ton. «Nur weil sie Bridge spielen, ein erstklassiges Bridge und um einen anständigen Einsatz.» Sie hob den Kopf und sah, daß ich sie beobachtete. «Mehr ist wirklich nicht an ihnen dran», schloß sie, «und du denkst doch genauso, nicht wahr?»

«Hm, natürlich, ich . . .»

«Sei nicht albern, Arthur.»

«Ich habe sie ja erst einmal gesehen, aber ich finde, sie machten einen sehr netten Eindruck.»

«Den macht unser Fleischer auch.»

«Bitte, Pamela, Liebes, du darfst nicht ungerecht sein.»

«Hör mal zu», das Modeheft fiel klatschend auf ihren Schoß, «du weißt ebensogut wie ich, was für Leute das sind. Dumme Streber, die sich einbilden, sie könnten überall verkehren, nur weil sie gut Bridge spielen.»

«So wird's wohl sein, Liebes. Ich verstehe nur nicht, warum du sie dann . . .»

«Das sage ich dir ja die ganze Zeit – damit wir endlich einmal ein anständiges Bridge spielen können. Ich habe es satt, mich mit Stümpern herumzuärgern. Aber es ist doch wirklich eine Zumutung, diese gräßlichen Leute übers Wochenende im Haus zu haben.»

«Natürlich, Liebes, natürlich. Nur . . . ist es jetzt nicht ein bißchen spät . . .»

«Arthur!»

«Ja?»

«Warum mußt du mir eigentlich dauernd widersprechen? Du *weißt*, daß sie dir genauso unsympathisch waren wie mir.»

«Ich bin sicher, Pamela, daß du dir keine Gedanken zu machen brauchst. Alles in allem schienen sie doch ein nettes junges Paar mit guten Manieren zu sein.»

«Arthur, übertreibe nicht so maßlos.» Sie sah mich

27

streng an, und um ihrem Blick auszuweichen – diese runden grauen Augen verwirrten mich, wie schon so oft –, ging ich zu der Fenstertür, die in den Garten hinausführte.

Die große, leicht abfallende Rasenfläche vor dem Haus war frisch gemäht, so daß hellgrüne Streifen mit dunkleren wechselten. Drüben, auf der anderen Seite, standen die beiden Goldregensträucher endlich in voller Blüte und hoben sich leuchtend von den Bäumen im Hintergrund ab. Die Rosen und die scharlachroten Begonien waren ebenfalls erblüht, auch meine schönen Lupinen, Federnelken, Akeleien, Rittersporne und die blassen, duftenden Schwertlilien. Einer der Gärtner kam gerade vom Mittagessen zurück. Ich sah das Dach seines Häuschens durch die Bäume und seitlich dahinter das eiserne Gittertor an der Straße nach Canterbury.

Das Haus meiner Frau. Ihr Garten. Wie schön war das alles! Wie friedlich! Ach, wenn Pamela nur etwas weniger um mein Wohlergehen besorgt wäre, etwas weniger dazu neigte, mir – «einzig und allein zu deinem Besten, Arthur» – höchst lästige Beschlüsse aufzuzwingen, dann hätte ich hier den Himmel auf Erden. Mit diesen Worten möchte ich jedoch keinesfalls den Eindruck erwecken, daß ich sie nicht liebe – ich bete die Luft an, die sie atmet – oder daß ich nicht mit ihr fertig werde oder daß ich nicht Herr im Hause bin. Nein, es ist nur so, daß sie mir manchmal ein bißchen auf die Nerven geht. Ihr Benehmen zum Beispiel, ihre etwas manierierte Art – ich wünschte wirklich, sie würde sich gewisse Dinge abgewöhnen. Vor allem mißfällt mir, daß sie mit dem Finger auf mich deutet, sooft sie einen Satz betonen will. Wie ich bereits sagte, bin ich ziemlich klein von Statur, und wenn sich jemand, besonders ein Mensch wie meine Frau, unablässig dieser Geste bedient, dann schüchtert mich das natürlich ein. Manchmal bin ich nahe daran, zu bezweifeln, daß *ich* in unserer Ehe das Regiment führe.

«Arthur!» rief sie. «Komm her.»

«Was ist denn?»

«Ich habe eine wunderbare Idee. Komm her.»

Ich drehte mich gehorsam um und ging zu dem Sofa, auf dem sie lag.

«Paß mal auf», sagte sie. «Wie wär's, wenn wir uns einen kleinen Spaß machten?»

«Was für einen Spaß?»

«Mit den Snapes.»

«Wer sind die Snapes?» fragte ich.

«Herrje, wach doch auf. Henry und Sally Snape. Unsere Wochenendgäste.»

«Ja und?»

«Hör zu. Ich habe hier gelegen und daran gedacht, wie gräßlich sie sind... er mit seinen Witzen und sie wie eine Turteltaube...» Sie lächelte listig, und aus irgendeinem Grunde hatte ich den Eindruck, sie werde etwas Schockierendes sagen. «Nun – wenn sie sich in unserer Gegenwart so benehmen, wie müssen sie dann erst sein, wenn sie allein sind?»

«Moment mal, Pamela...»

«Stell dich nicht so an, Arthur. Ich finde, wir sollten uns heute abend einen Spaß machen, einen richtigen Spaß.»

Sie hatte sich ein wenig aufgerichtet, plötzlich strahlend vor Übermut, den Mund leicht geöffnet, und ich sah in ihren runden grauen Augen zwei kleine Funken tanzen.

«Sag doch ja», drängte sie.

«Was hast du denn vor?»

«Na, das ist doch klar. Kannst du es nicht erraten?»

«Nein.»

«Wir brauchen nur ein Mikrophon in ihrem Zimmer aufzustellen.»

Ich gebe zu, ich war auf einiges vorbereitet, aber dieser Vorschlag brachte mich so aus der Fassung, daß ich einfach keine Worte fand.

«Genau das werden wir machen», fügte sie triumphierend hinzu.

«Halt!» rief ich. «Nein. Warte einen Augenblick. So was ist doch unmöglich.»

«Warum denn?»

«Das ist wohl der übelste Streich, von dem ich je gehört habe. Noch viel, viel schlimmer als . . . als durch Schlüssellöcher sehen oder fremde Briefe lesen. Aber du hast es ja auch nur im Scherz gesagt, nicht wahr?»

«O nein. Ich meine es ernst.»

Obgleich ich wußte, daß sie keinen Widerspruch vertrug, hielt ich es manchmal für notwendig, mich durchzusetzen, selbst auf die Gefahr hin, ihren Zorn zu erregen. «Pamela», stieß ich scharf hervor, «ich verbiete dir, das zu tun!»

Sie nahm die Füße vom Sofa und setzte sich auf. «Sag mal, Arthur, was glaubst du eigentlich, wer du bist? Wirklich, ich verstehe dich nicht.»

«Das dürfte doch nicht so schwer sein.»

«Lächerlich! Ich weiß, daß du schon viel schlimmere Sachen gemacht hast.»

«Niemals.»

«O doch. Versuch bloß nicht, den Tugendbold zu spielen.»

«Aber so etwas habe ich bestimmt noch nie gemacht.»

«Nicht so hastig, mein Junge.» Ihr Zeigefinger schnellte auf mich zu wie eine Pistole. «Wie war denn das Weihnachten bei den Milfords? Erinnerst du dich? Du hast dich halb totgelacht, und ich mußte dir die Hand auf den Mund legen, damit man uns nicht hörte. Na, was sagst du nun?»

«Das war etwas anderes», verteidigte ich mich. «Es war nicht unser Haus. Und es waren nicht unsere Gäste.»

«Wo ist da der Unterschied?» Sie saß jetzt sehr gerade, starrte mich mit ihren runden grauen Augen an, und ihr vorgestrecktes Kinn drückte tiefe Verachtung aus. «Laß gefälligst die blöde Heuchelei, Arthur. Was ist denn nur plötzlich in dich gefahren?»

«Ganz ehrlich, Pamela, die Sache gefällt mir nicht. Das ist doch eine ausgesprochene Gemeinheit.»

«Nun ja, mein Lieber, ich *bin* eben gemein. Und du auch – im Grunde deines Herzens. Deswegen passen wir ja so gut zusammen.»

«Ich habe wahrhaftig noch nie so einen Unsinn gehört.»

«Aha, du hast dich offenbar plötzlich entschlossen, auf dem Pfad der Tugend zu wandeln. Ja, das ist natürlich etwas anderes.»

«Bitte hör auf, so zu reden, Pamela.»

«Sieh mal», fuhr sie unbeirrt fort, «wenn du wirklich entschlossen bist, dich zu bessern – was in aller Welt soll denn dann aus mir werden?»

«Du weißt nicht, was du sprichst.»

«Arthur, wie könntest du, ein guter Mensch, noch länger mit mir, einem Ekel, zusammenleben wollen?»

Ich setzte mich langsam in den Sessel ihr gegenüber, und sie ließ mich keine Sekunde aus den Augen. Um es noch einmal zu sagen, sie war eine große, stattliche Frau mit einem großen, weißen Gesicht, und wenn sie mich so eindringlich anblickte, wurde ich – wie soll ich mich ausdrücken? – gleichsam von ihr umschlossen, von ihr eingehüllt, als wäre ich in einen riesigen Tiegel Hautcreme gefallen.

«Du willst das mit dem Mikrophon gar nicht machen, nicht wahr?»

«Doch, natürlich. Es wird Zeit, daß wir mal ein bißchen Spaß haben. Komm, komm, Arthur, hab dich nicht so.»

«Es ist nicht anständig, Pamela.»

«Es ist genauso anständig» – wieder schoß ihr Finger auf mich zu – «genauso anständig wie damals, als du diese Briefe, die du in Mary Proberts Handtasche fandest, von A bis Z gelesen hast.»

«Wir hätten das nie tun sollen.»

«Wir!»

«Du hast sie nach mir gelesen, Pamela.»

«Es hat ja niemandem geschadet. Das hast du damals selbst gesagt. Und dies hier ist nicht schlimmer.»

«Was würdest *du* sagen, wenn jemand das mit *dir* täte?»

«Dumme Frage. Was ich nicht weiß, macht mich nicht heiß. Also los, Arthur, sei kein Waschlappen.»

«Ich muß mir das überlegen.»

«Hat der große Radioingenieur vielleicht vergessen, wie man ein Mikrophon an den Lautsprecher anschließt?»

«Das ist das leichteste von allem.»

«Na bitte, worauf wartest du noch?»

«Laß mich doch überlegen. Ich sage dir nachher Bescheid.»

«Nachher ist es zu spät. Sie können jeden Moment kommen.»

«Dann lasse ich's bleiben. Sollen sie mich etwa auf frischer Tat ertappen?»

«Wenn sie kommen, bevor du fertig bist, halte ich sie einfach hier unten auf. Da kann gar nichts passieren. Wie spät ist es überhaupt?»

«Kurz vor drei.»

«Sie kommen von London», sagte sie, «und sie sind bestimmt nicht vor dem Mittagessen abgefahren. Du hast also reichlich Zeit.»

«Welches Zimmer wolltest du ihnen denn geben?»

«Das große gelbe am Ende des Flurs. Das ist nicht zu weit weg, nicht wahr?»

«Würde gerade noch gehen, denke ich.»

«Wo wirst du übrigens die Lautsprecher aufstellen?» erkundigte sie sich.

«Ich habe noch gar nicht gesagt, daß ich mitmache.»

«Mein Gott!» rief sie. «Dich kann doch jetzt keiner mehr halten. Du solltest dein Gesicht sehen. Es ist rosarot vor Aufregung, und deine Augen leuchten. Stell den Lautsprecher in unser Schlafzimmer, ja? Los, fang an – und beeil dich.»

Ich zögerte. Das tat ich immer, wenn sie mich herumkommandierte, statt mich freundlich zu bitten. «Mir ist nicht wohl bei der Sache, Pamela.»

Nun sagte sie nichts mehr; sie saß nur da, still und stumm, und sah mich an. Auf ihrem Gesicht lag ein resignierter, wartender Ausdruck, als stünde sie irgendwo Schlange. Ich wußte aus Erfahrung, daß dies ein Gefahrenzeichen war. Sie erinnerte mich an eine dieser Höllenmaschinen, bei denen die Zündung eingestellt ist, und es war nur eine Frage der Zeit, wann sie – peng! – explodieren würde. In der Stille, die im Zimmer herrschte, konnte ich sie beinahe ticken hören.

So stand ich denn schweigend auf und ging in die Werkstatt, um ein Mikrophon und eine Rolle Draht zu holen. Zu meiner Schande muß ich bekennen, daß ich jetzt, seit ich nicht mehr in ihrer Nähe war, eine gewisse Erregung verspürte, ein warmes, prickelndes Gefühl in den Fingerspitzen. Es war nichts Besonderes, wohlgemerkt – überhaupt nicht der Rede wert. Du lieber Himmel, so etwas empfinde ich an jedem Morgen meines Lebens, wenn ich die Zeitung aufschlage und die Kurse der zwei, drei Aktien überprüfe, von denen meine Frau ein größeres Paket besitzt. Dieser alberne Spaß konnte mich wirklich nicht aus der Ruhe bringen. Aber ich freute mich darauf, das will ich nicht leugnen.

Ich lief die Treppe hinauf, immer zwei Stufen auf einmal, und betrat das gelbe Zimmer am Ende des Flurs. Mit seinem Doppelbett, den Steppdecken aus gelbem Atlas, den blaßgelben Wänden und den goldfarbenen Vorhängen hatte es das saubere, unbewohnte Aussehen aller Gästezimmer. Als erstes hielt ich Ausschau nach einem guten Versteck für das Mikrophon. Das war sehr wichtig, denn es durfte ja auf keinen Fall entdeckt werden. Mein Blick fiel auf den Korb mit Brennholz am Kamin. Sollte ich es unter die Scheite legen? Nein – nicht sicher genug. Hinter die Heizung? Auf den Schrank? Unter den Tisch? Keiner dieser Plätze erschien mir günstig. Überall konnte man auf der Suche nach einem verlorenen Kragenknopf oder etwas Ähnlichem auf das Mikrophon stoßen. Schließlich kam mir der überaus kluge Gedanke, es in den Sprungfedern des Sofas zu installieren. Das Sofa stand an der Wand, am Rande des Teppichs, so daß ich den Leitungsdraht unter dem Teppich bis zur Tür legen konnte.

Ich kantete das Sofa hoch und schob das Material darunter. Nachdem ich das Mikrophon sorgfältig an den Sprungfedern befestigt hatte – natürlich so, daß die Vorderseite dem Zimmer zugewandt war –, führte ich den Draht unter dem Teppich bis zur Tür. Ich arbeitete ohne Hast und ging sehr vorsichtig zu Werke. Auf der Schwelle, dort, wo der Draht nicht mehr vom Teppich verdeckt wurde, schnitt ich eine schmale Furche in das Holz, so daß er nahezu unsichtbar war.

Das alles dauerte natürlich seine Zeit, und als ich auf einmal das Knirschen von Rädern auf dem Kies, das Zuschlagen von Wagentüren und dann die Stimmen unserer Gäste vernahm, hockte ich noch mitten auf dem Flur, wo ich den Draht an der Scheuerleiste befestigte. Mit dem

Hammer in der Hand fuhr ich erschrocken hoch, und ich muß gestehen, daß ich von Angst gepackt wurde. Diese Geräusche zerrten gewaltig an meinen Nerven. Ich hatte das gleiche flaue Gefühl in der Magengegend wie damals im Krieg, als ich eines Nachmittags nichtsahnend in der Bibliothek mit meinen Schmetterlingen beschäftigt war und plötzlich am anderen Ende des Dorfes eine Bombe niederging.

Reg dich nicht auf, sagte ich mir. Pamela wird schon dafür sorgen, daß diese Leute nicht heraufkommen.

Ziemlich nervös machte ich mich wieder an die Arbeit, und bald gelangte ich mit dem Draht in unser Schlafzimmer. Hier war es zwar nicht so wichtig, ihn zu verbergen, aber ich durfte mir wegen der Dienstboten keine Nachlässigkeit erlauben. Ich legte also den Draht unter den Teppich und führte ihn unauffällig zur Rückwand des Radios hinauf. Den Anschluß herzustellen war eine rein technische Frage; ich erledigte das im Handumdrehen.

So, fertig! Ich trat einen Schritt zurück und betrachtete das kleine Radio. Irgendwie schien es sich verändert zu haben – kein alberner Kasten mehr, der Töne hervorbrachte, sondern ein bösartiges kleines Geschöpf, das auf der Tischplatte hockte und sich mit einem Teil seines Körpers heimlich zu einem weit entfernten verbotenen Ort vortastete. Ich schaltete den Apparat ein. Er summte leise, gab aber sonst keine Geräusche von sich. Ich nahm meinen Wecker, der laut tickte, und trug ihn in das gelbe Zimmer, wo ich ihn vor dem Sofa auf den Boden stellte. Dann lief ich zu dem Radiogeschöpf hinüber. Tatsächlich, es tickte so laut, als stünde die Uhr im Zimmer – sogar noch lauter.

Ich holte den Wecker zurück, wusch und kämmte mich im Badezimmer, schaffte das Werkzeug fort, und jetzt hinderte mich nichts mehr, die Gäste zu begrüßen. Aber vorher, um mich zu beruhigen und auch, weil ich nicht sozusagen mit bluttriefenden Händen vor ihnen erscheinen wollte, verbrachte ich fünf Minuten bei meiner Schmetterlingssammlung in der Bibliothek. Ich widmete mich einem Glaskasten, der die herrliche Vanessa cardui – die «gemalte Dame» – enthielt, und machte mir ein paar Notizen zu einem Vortrag über «Beziehungen zwischen Farbmuster und Bau der Flügel», den ich bei der nächsten Sitzung unseres Vereins in Canterbury zu halten gedachte. Auf diese Weise erlangte ich bald meine gewohnte würdevolle Gelassenheit zurück.

Nun ging ich ins Wohnzimmer hinüber. Unsere beiden Gäste, deren Namen ich mir einfach nicht merken konnte, saßen auf dem Sofa. Meine Frau mixte die Drinks.

«Ah, da bist du ja, Arthur», rief sie. «Wo hast du denn nur gesteckt?»

Ich fand diese Bemerkung höchst überflüssig. «Entschuldigen Sie bitte», sagte ich und schüttelte den Gästen die Hand, «ich habe gearbeitet und darüber die Zeit ganz vergessen.»

«Wir wissen genau, was Sie gemacht haben», behauptete die junge Frau und lächelte verschmitzt. «Aber wir verzeihen ihm, nicht wahr, Liebster?»

«Ja, ausnahmsweise», antwortete ihr Mann.

Ich hatte eine entsetzliche Vision: meine Frau, die ihnen unter schallendem Gelächter haarklein erzählte, was ich oben gemacht hatte. Sie konnte – sie *konnte* mir das doch nicht angetan haben! Ich blickte mich nach ihr um und sah, daß auch sie lächelte, während sie das Meßglas mit Gin füllte.

«Es tut mir leid, daß wir Sie gestört haben», sagte die junge Frau.

Wenn das ein Scherz sein soll, dachte ich, dann geh

lieber gleich darauf ein. Ich zwang mich also, ihr Lächeln zu erwidern.

«Aber Sie zeigen uns alles, nicht wahr?» fuhr sie fort.

«Zeigen? Was?»

«Ihre Sammlung. Ihre Frau sagt, Sie hätten wunderschöne Exemplare.»

Ich ließ mich langsam in einen Sessel sinken und holte tief Luft. Es war lächerlich, so mißtrauisch und nervös zu sein.

«Interessieren Sie sich für Schmetterlinge?» fragte ich.

«Ihre würde ich jedenfalls sehr gern sehen, Mr. Beauchamp.»

Die Martinis wurden herumgereicht, und da wir bis zum Dinner noch gute zwei Stunden Zeit hatten, stand einer gemütlichen Unterhaltung nichts im Wege. Unsere Gäste machten einen ausgezeichneten Eindruck; ich fand, daß sie ein reizendes Paar waren. Meine Frau, die aus einer adligen Familie stammt, ist sehr stolz auf ihre Herkunft und Erziehung, und sie neigt dazu, vorschnell über Fremde zu urteilen, die ihre Bekanntschaft suchen – besonders wenn es sich um hochgewachsene Männer handelt. Sie hat häufig recht, aber in diesem Fall war ich fast sicher, daß sie sich geirrt hatte. Im allgemeinen habe ich auch nichts für hochgewachsene Männer übrig; sie sind meistens anmaßend und besserwisserisch. Aber Henry Snape – meine Frau hatte mir den Namen zugeflüstert – schien ein sympathischer junger Mann mit guten Manieren zu sein, und offenbar war er, wie sich das gehört, bis über die Ohren in Mrs. Snape verliebt. Er sah recht gut aus mit seinem langen Pferdegesicht und den dunkelbraunen Augen, deren Blick sanft und teilnahmsvoll war. Ich beneidete ihn um seinen schönen schwarzen Haarschopf und ertappte mich bei der Überlegung, welches Haarwasser er wohl benutzte. Er erzählte tatsächlich ein paar

Witze, aber sie hatten Niveau, und niemand konnte etwas gegen sie einwenden.

«In der Schule», berichtete er, «nannten sie mich Scervix. Wissen Sie, warum?»

«Nein, keine Ahnung», sagte meine Frau.

«Weil unser englisches Wort *nape* im Lateinischen *cervix* heißt.»

Das war sehr scharfsinnig, und ich mußte eine Weile nachdenken, bevor ich die Pointe begriff.

«Welche Schule haben Sie besucht, Mr. Snape?» erkundigte sich meine Frau.

«Eton», antwortete er, und meine Frau nahm das mit einem beifälligen Nicken zur Kenntnis. Jetzt wird sie sich mit ihm unterhalten, dachte ich und wandte meine Aufmerksamkeit unserem anderen Gast, Sally Snape zu. Sie war ein reizvolles Mädchen mit Busen. Wäre ich ihr fünfzehn Jahre früher begegnet, so hätte sie mich leicht zu einer Dummheit verleiten können. Nun, wie dem auch sei, ich kam sehr gut mit ihr aus und erzählte ihr von meinen schönen Schmetterlingen. Ich beobachtete sie, während ich sprach, und allmählich gewann ich den Eindruck, daß sie in Wirklichkeit gar nicht so heiter und unbekümmert war, wie ich zuerst geglaubt hatte. Sie schien sich gegen die Außenwelt abzuschließen, als hätte sie ein Geheimnis, das sie sorgsam hütete. Der Blick ihrer tiefblauen Augen huschte zu schnell durch den Raum, blieb nie länger als den Bruchteil einer Sekunde auf einem Gegenstand ruhen, und in ihr Gesicht hatte irgendein Kummer zarte, kaum wahrnehmbare Spuren eingegraben.

«Ich freue mich schon auf unser Bridge», sagte ich nach einer Weile, um das Thema zu wechseln.

«Wir auch», erwiderte sie. «Wissen Sie, wir spielen fast jeden Abend, weil es uns soviel Spaß macht.»

«Sie sind äußerst gewandt. Wie kommt es, daß Sie so gut spielen?»

«Es ist nur Übung», erklärte sie. «Übung, Übung und nochmals Übung.»

«Haben Sie schon mal an einem Turnier teilgenommen?»

«Nein, aber Henry möchte so gern, daß wir es tun. Wissen Sie, wenn man allen Ansprüchen genügen will, kostet das sehr viel Mühe. Schrecklich viel Mühe.»

Täuschte ich mich, oder schwang in ihrer Stimme tatsächlich eine leise Resignation mit? Ja, dachte ich, das wird es wohl sein: Er treibt sie zu hart an, macht aus dem Vergnügen eine Pflicht, und die Ärmste ist der Sache längst überdrüssig.

Um acht Uhr gingen wir, ohne uns umzuziehen, ins Speisezimmer hinüber. Das Dinner war ein Erfolg, und Henry Snape erzählte uns einige sehr komische Geschichten. Er lobte auch mit großer Kennerschaft meinen 34er Richebourg, was mich sehr freute. Als schließlich der Kaffee serviert wurde, stellte ich fest, daß mir die beiden jungen Menschen enorm sympathisch waren, und ich empfand ziemliches Unbehagen wegen dieser Geschichte mit dem Mikrophon. Wenn es sich um gräßliche Leute gehandelt hätte, wäre alles in Ordnung gewesen, aber der Gedanke, zwei so reizenden jungen Menschen einen solchen Streich zu spielen, rief ein starkes Schuldgefühl in mir hervor. Das soll nicht etwa heißen, daß ich kalte Füße bekam. Ich hielt es durchaus nicht für notwendig, das Unternehmen abzublasen. Ich konnte nur nicht die Vorfreude teilen, die mir meine Frau mit verstohlenem Lächeln und Blinzeln und heimlichem Kopfnicken offenbarte.

Gegen halb zehn kehrten wir in heiterer Stimmung und gut gesättigt in das große Wohnzimmer zurück, um unsere Bridgepartie zu beginnen. Da wir um einen ziemlich hohen Einsatz spielten – zehn Shilling auf hundert Punkte –, kamen wir überein, die Familien nicht zu trennen. Ich blieb also die ganze Zeit der Partner meiner Frau. Wir alle nahmen das Spiel ernst – wer es nicht ernst nimmt, soll lieber die Finger davon lassen –, und wir spielten sehr konzentriert. Bis auf die Ansagen wechselten wir kaum ein Wort. Natürlich ging es uns nicht ums Geld. Weiß Gott, meine Frau hatte genug davon und die Snapes anscheinend auch. Aber unter Experten gehört es sozusagen zum guten Ton, daß um einen anständigen Einsatz gespielt wird.

An diesem Abend waren die Karten gleichmäßig verteilt, doch meine Frau spielte viel schlechter als sonst, so daß wir dauernd verloren. Ich merkte ihr an, daß sie nicht ganz bei der Sache war, und als es auf Mitternacht ging, achtete sie überhaupt nicht mehr auf ihre Karten. Sie blickte mich immer wieder mit ihren runden grauen Augen an, die Brauen hochgezogen, die Nasenflügel eigenartig gebläht, ein kleines hämisches Lächeln in den Mundwinkeln.

Unsere Gegner spielten ausgezeichnet. Ihre Ansagen waren meisterhaft, und während des ganzen Abends machten sie nur einen einzigen Fehler. Das war, als das Mädchen die Karten ihres Partners stark überschätzte und sechs Pik ansagte. Ich verdoppelte, und sie gingen auf drei herunter, was sie achthundert Punkte kostete. Das kann jedem einmal passieren, aber Sally Snape geriet dadurch sehr aus der Fassung, obwohl ihr Mann ihr sofort verzieh, ihr über den Tisch hinweg die Hand küßte und sie bat, sich doch nur nicht aufzuregen.

Gegen halb eins verkündete meine Frau, sie wolle jetzt schlafen gehen.

«Noch einen Robber», schlug Henry Snape vor.

«Nein, Mr. Snape. Ich bin müde. Und Arthur ist auch

müde. Ich sehe es ihm an. Machen wir Schluß, das ist für uns alle das beste.»

Sie erhob sich, und wir vier gingen zusammen nach oben. Auf der Treppe wurde, wie es bei solchen Gelegenheiten üblich ist, die Frage des Frühstücks erörtert – was sie haben wollten und wie sie das Mädchen rufen konnten. «Ich glaube, das Zimmer wird Ihnen gefallen», sagte meine Frau. «Man hat dort einen herrlichen Blick auf das Tal, und von zehn Uhr an scheint die Morgensonne herein.»

Wir hatten inzwischen den Flur erreicht und blieben vor unserer Schlafzimmertür stehen. Ich betrachtete verstohlen den Draht, den ich am Nachmittag gelegt hatte und der an der Scheuerleiste entlang zum Zimmer unserer Gäste führte. Obwohl er fast die gleiche Farbe hatte wie der Anstrich, sprang er mir förmlich in die Augen. «Gute Nacht», sagte meine Frau. «Schlafen Sie gut, Mrs. Snape. Angenehme Ruhe, Mr. Snape.» Ich folgte ihr in unser Zimmer und riegelte die Tür ab.

«Schnell!» rief sie. «Stell es an!» So ist meine Frau immer – besorgt, daß sie irgend etwas verpassen könnte. Bei der Jagd – an der ich nie teilnehme – ist sie stets mit den Hunden vorneweg, ohne Rücksicht auf sich selbst und ihr Pferd, damit sie nur ja keinen Abschuß verpaßt. Ich sah ihr an, daß sie nicht gesonnen war, diesen hier zu verpassen.

Das kleine Radio wurde zeitig genug warm, um die Geräusche beim Öffnen und Schließen der Tür zu übermitteln.

«Da! Sie sind hineingegangen.»

Meine Frau stand in der Mitte des Zimmers und lauschte gespannt, die Hände über ihrem blauen Kleid gefaltet, den Kopf vorgestreckt. Das große, weiße Gesicht schien sich gestrafft zu haben wie ein Weinschlauch.

Im nächsten Augenblick drang die Stimme Henry Snapes aus dem Lautsprecher, stark und klar. «Du bist ein gottverdammter kleiner Idiot», sagte er, und seine Stimme war so anders, als ich sie in Erinnerung hatte, so barsch und unangenehm, daß ich zusammenzuckte. «Der ganze verfluchte Abend zum Teufel! Achthundert Punkte – das wären acht Pfund für uns gewesen!»

«Ich bin durcheinandergeraten», antwortete Sally. «Es wird nicht wieder vorkommen, Henry, das verspreche ich dir.»

«Was ist *das*?» flüsterte meine Frau. «Was geht da vor?» Ihr Mund stand jetzt weit offen, und sie zog die Augenbrauen sehr hoch. Sie stürzte zum Radio, beugte sich vor und legte das Ohr an den Lautsprecher. Ich muß zugeben, daß auch ich ziemlich aufgeregt war.

«Ich verspreche, ich verspreche, es wird bestimmt nicht wieder vorkommen», beteuerte Sally.

«Versprechungen nützen mir gar nichts», sagte der Mann grimmig. «Wir werden es sofort noch mal üben.»

«O nein, bitte! Nicht jetzt! Ich kann einfach nicht mehr.»

«So was hab ich gern», knurrte der Mann. «Erst den ganzen Weg hier heraus, um der alten Schachtel ihr Geld abzuknöpfen, und dann vermasselst du mir die Tour.»

Diesmal war es meine Frau, die zusammenzuckte.

«Und das schon zum zweitenmal in dieser Woche», fügte er hinzu.

«Bestimmt, Henry, es wird nicht wieder vorkommen.»

«Setz dich hin. Ich sage an, und du antwortest.»

«Nein, Henry, *bitte*! Nicht alle fünfhundert. Dazu brauchen wir mindestens drei Stunden.»

«Na gut, dann lassen wir die Fingerstellungen aus. Ich glaube, die kannst du. Wir machen nur die Grundansagen, die die Honneurs anzeigen.»

«Ach, Henry, muß das sein? Ich bin so müde.»

«Es ist sehr wichtig, daß du sie bis ins letzte beherrschst», erwiderte er. «Du weißt doch, wir haben in der nächsten Woche jeden Abend ein Spiel. Wovon soll denn der Schornstein rauchen?»

«Was ist das?» keuchte meine Frau. «Was in aller Welt ist das?»

«Pst», zischte ich. «Hör zu!»

«Also los», sagte die Stimme des Mannes. «Von Anfang an. Fertig?»

«Ach, Henry, *bitte*!» Sie schien den Tränen nahe zu sein.

«Vorwärts, Sally, reiß dich zusammen.»

Und dann sagte Henry Snape mit völlig veränderter Stimme – mit der, die wir im Wohnzimmer gehört hatten: «*Ein* Kreuz.» Mir fiel auf, daß er das Wörtchen «ein» stark betonte und es eigenartig gedehnt, fast singend aussprach.

«Kreuz-As und Kreuz-Dame», antwortete Sally müde. «Pik-König und Pik-Bube. Kein Herz. Karo-As und Karo-Bube.»

«Und wie viele Karten zu jeder Farbe? Achte gefälligst auf meine Fingerstellung.»

«Die wollten wir doch auslassen, hast du gesagt.»

«Nun – wenn du ganz sicher bist, daß du sie kannst...»

«Ja, ich kann sie.»

Eine Pause. Dann: «Ein *Kreuz*.»

«Kreuz-König und Kreuz-Bube», zählte Sally auf, «Pik-As. Herz-Dame und Herz-Bube. Karo-As und Karo-Dame.»

Wieder eine Pause. Dann: «Ich sage *ein* Kreuz.»

«Kreuz-As und Kreuz-König...»

«Herr des Himmels!» rief ich. «Das ist ein Code! Er gibt ihr jede Karte bekannt, die er in der Hand hat.»

«Arthur, das kann doch nicht sein?»

«Es ist wie bei diesen Männern im Varieté, die in den

Zuschauerraum gehen und sich von irgendwem etwas geben lassen. Die Art, wie sie ihre Fragen formulieren, verrät dem Mädchen, das mit verbundenen Augen auf der Bühne steht, ganz genau, um was es sich handelt – wenn es ein Eisenbahnbillett ist, nennt sie sogar die Station, auf der es gelöst wurde.»

«Das ist doch unmöglich!»

«Keineswegs. Aber es kostet unendliche Mühe, das alles zu lernen. Hör zu!»

«Ich biete *ein* Herz», sagte die Stimme des Mannes.

«Herz-König, Herz-Dame und Herz-Zehn. Pik-As und Pik-Bube. Kein Karo. Kreuz-Dame und Kreuz-Bube...»

«Außerdem», erklärte ich, teilt er ihr die *Anzahl* der Karten jeder Farbe durch die Stellung seiner Finger mit.»

«Wie?»

«Keine Ahnung. Aber du hast ja gehört, daß er davon sprach.»

«Mein Gott, Arthur! Bist du sicher, daß es so ist?»

«Ich fürchte, ja.» Ich beobachtete, wie meine Frau zu ihrem Nachttisch ging, um sich eine Zigarette zu holen. Sie zündete sie an, drehte sich dann mit einem Ruck zu mir und und blies einen dünnen Rauchstrahl in die Luft. Mir war klar, daß wir irgend etwas unternehmen mußten, aber ich wußte nicht, was. Wir konnten ja die Snapes nicht beschuldigen, ohne zugleich unsere Informationsquelle preiszugeben. Ich wartete auf die Entscheidung meiner Frau.

«Du, Arthur», sagte sie langsam und blies eine Rauchwolke aus, «das ist eine phantastische Sache. Glaubst du, daß *wir* das lernen könnten?»

«Wir?»

«Natürlich. Warum nicht?»

«Halt! Nein! Hör mal, Pamela...»

Aber da kam sie schon mit schnellen Schritten geradewegs auf mich zu, blieb vor mir stehen, senkte den Kopf und blickte auf mich herab. Um ihre Mundwinkel spielte der vertraute Anflug eines Lächelns, das keines war, die Nase krauste sich, die großen, runden grauen Augen starrten mich mit ihren glänzenden schwarzen Pupillen an, und dann wurden sie ganz grau, und alles übrige war weiß, von vielen roten Äderchen durchzogen. Und als sie mich so ansah, streng und aus nächster Nähe – also ich schwöre, daß mir zumute war wie einem Ertrinkenden.

«Ja», sagte sie. «Warum nicht?»

«Aber Pamela ... Du meine Güte ... Nein ... Schließlich ...»

«Arthur, ich wollte wirklich, du würdest mir nicht dauernd widersprechen. Genau das werden wir tun. Los, hol ein Spiel Karten; wir fangen sofort an.»

Freie Liebe

Im Liebesleben wird die komplexe Vielfalt des Wassermann-Typs offenbar. Sinnlichkeit und Empfindsamkeit sind mit seiner Phantasie innig verknüpft. Er liebt einen andern Menschen nicht so, wie dieser in Wirklichkeit ist: In seiner Einbildung verklärt er ihn. Liebe trägt bei ihm, zumindest in den Anfängen, stets den Nimbus des Wunderbaren, des Romantischen oder Dramatischen. Er liegt in den Fesseln eines Trugbildes: einer idealen Vereinigung. Er übersieht die «Falle schöner Worte», er glaubt wortwörtlich, er baut auf Worte oder auf seinen Traum vom großen Glück. Allzu leicht wird er dann auch enttäuscht. Dann fällt er aus allen Wolken.

Sein schwärmerischer Überschwang kann sich mit zunehmendem Alter und dank der Lehrmeisterin Erfahrung legen. Dann erringt er das Vertrauen schlichter Gemüter, vermag ihnen mit seinem Rat zu dienen und findet sein Glück darin, sie zu seinen Idealen emporzuheben. Es ist die «Liebesfreundschaft» des zur Ruhe gekommenen Pygmalion.

Soweit die klassische Ausdrucksform der Wassermann-Liebe. Das moderne Paar im Zeichen des Wassermanns will von himmelhoch-jauchzender Liebeslust wenig wissen. Es sucht ein ruhiges Gleichgewicht, ein «relatives Glück». Der süße Liebestraum beim erstenmal ist ausgeträumt. In diesem Zeichen zählt die «freie Liebe». Sie entspricht dem Herzensbedürfnis des Typs.

Der Wassermann mißachtet die gesellschaftlichen Regeln und die Vorschriften der Religion. Er liebt «frei» und auf seine Art. Feste Bindung bedeutet ihm Qual. Der Ring am Finger – wenn er ihn überhaupt trägt – verliert seinen Symbolwert, so glaubt er zumindest. Seine erste Liebesglut kann er mit eisiger Kälte, ja schillernder Grausamkeit tarnen. Als Gefangener einer unglücklichen Liebe denkt er allein daran, sich zu befreien. Als Ehemann schreckt er dann auch vor der Scheidung nicht zurück. Er verficht im Grunde die Kameradschafts- und Freundschaftsehe, die jedem Partner volle Freiheit läßt – oder auch eine geistige Liebe, die auf ideeller Gemeinschaft und geistigem Austausch beruht.

Jedenfalls kennzeichnet die Wassermann-Typen die Neigung, die Liebe zu vergeistigen, die Macht der Gefühle vor Stürmen zu schützen – ungeachtet der immer wieder möglichen kurzfristigen Abenteuer. Liebe tritt hinter kühler geistiger Leidenschaft zurück.

Typisches Beispiel der Liebe eines reinen Wassermanns bleibt Mozart. Die große Leidenschaft seines Lebens war Aloisia Weber. Mit zweiundzwanzig Jahren hat sich ihr Bild tief in seine Seele gesenkt. Doch dieses Bild, dem er in langer Abwesenheit weitere edle Züge verleiht, schlägt Aloisia, ein kleines Ungeheuer, rasch in Stücke. Der Schmerz öffnet ihm die Augen. Der Jugendtraum ist zerbrochen, doch Mozart gewinnt jetzt Befreiung und Erlösung. Sein Werk ist größtes Zeugnis. Seit jener Krise hat der Held jeder seiner Opern mit einer gleißnerischen Leidenschaft zu ringen. Am Ende treibt sein nun gedämpftes Liebesgefühl Mozart zur Heirat mit Aloisias Schwester Constanze. Verklungen sind die übersteigerten Ideale, doch die Liebe wird «lebensfähiger» und wirklichkeitsnaher. Aber auch jetzt noch möchte er die Liebe vergeistigen: Seine große Liebe ist die Muse der Musik. Die Frauen, die tiefere Gefühle in ihm wecken – die Duschek, Nancy Storace, Marianne Gottlieb – treten in seinen Werken als Sängerinnen auf. Ihr Beitrag zählt für Mozart höher als ihr persönlicher Zauber. Liebe geht in Musik auf, nur in dieser empfindet er sie.

Der *Wassermann-Mann* muß zunächst ein Vertrauensklima schaffen, ehe er sich einer Frau nähert. Er will ihre Achtung erringen, er hat ein positives Vorurteil über die Weiblichkeit. Geringschätzung des Weiblichen mißfällt ihm. Er tritt denn auch nicht als «Frauenheld» auf, nach Art eines Siegers, für den die Frau zur Erholung geschaffen ist. Liebe zählt für ihn nur als freie und spontane Zustimmung, abseits jeder Berechnung und jedes Zwangs. Das setzt zumindest Gleichberechtigung der Partner voraus. Dabei wird die Geliebte idealisiert und überschätzt.

Ist der Wassermann ein angenehmer Lebensgefährte? Solange er seinen Traum der großen Liebe träumt, wohl kaum. Seine Partnerin soll dann Inbegriff aller Frauen sein: die leidenschaftliche Geliebte, befreit von Vorurteilen und Konventionen, die zärtliche Frau, die einen reizvollen Rahmen zu seiner Entspannung schaffen soll; die getreue Freundin, die seine Unabhängigkeit und seine Freundschaften respektiert; die Kameradin, die auch seinen ausgefallensten Launen stets willig Gefolgschaft leistet; das neugierige große Kind, das Interesse zeigt für seine Liebhabereien.

Ihm entspricht am stärksten die Frau, die alles zugleich liebt: Bereitschaft zu plötzlichem Wandel, Sorge für diskreten Komfort, Verzicht auf Beeinflussung. Die Frau, die einen Wassermann geheiratet hat, muß lächelnd die Einladung zu Spaziergang und Abendbrot im Restaurant annehmen, auch wenn sie zu Hause die Speisen längst gar gekocht hat. Sie darf kein unerwartetes und obendrein unnützes Geschenk ablehnen, selbst wenn sie sich etwas Zweckdienliches seit langem gewünscht hat. Sie darf sich nicht wundern, wenn er unverhofft mit seinen besten Freunden, die auch die ihren zu sein haben, spätabends nach Hause kommt, dieweil sie eigentlich gemütliche Zweisamkeit erwartet hatte. Geld- und Haushaltsgespräche fallen ihm lästig. Die kluge Frau zieht die Lehre daraus.

Doch er besitzt auch unschätzbare Tugenden. Er unterscheidet Liebe von Selbstliebe. Nichts ist törichter in seinen Augen als die lächerliche männliche Überheblichkeit über die Frau. Die schwersten Probleme lassen sich daher mit ihm vergleichsweise spielend lösen.

Die *Wassermann-Frau* entspricht dem Typ der modernen Frau, für die Emanzipation des schönen Geschlechts kein leeres Wort bedeutet. Sie scheut sich denn auch nicht, eher ungewöhnliche Liebespfade einzuschlagen. Man denke etwa an Colette und an die Schlagersängerin Juliette Gréco. Dabei empfindet sie durchaus weiblich und reagiert auf äußere Reize sehr empfindlich. Äußerer Schein trügt oft.

Ihr männliches Ideal ist der Heros, der Held großer Taten. Sie liebt, soweit sie bewundert. Ihren maßlos überschätzten Gefährten verehrt sie inbrünstig. Im Alltagsleben, in dem auch ein Held nicht makellos bleibt, wird ihr Ideal auf eine harte Bewährungsprobe gestellt. Sie verzeiht Mängel und Fehler, doch ihre Verehrung wird schwächer. Keine treuere Verbündete aber, wenn ein Mann «etwas werden» will! Sie unterstreicht seine Talente, seine Fähigkeiten, sie erahnt seine Möglichkeiten beinahe mit instinktiver Sicherheit.

Lars Ahlin

Man kommt nach Haus und ist nett

Als Sören Hellgren beschwipst nach Hause kam, zog er sich nur die Galoschen im Flur aus. Er schob den Hut ins Genick, knöpfte den Mantel auf und marschierte hinein und versuchte froh und unbeschwert zu wirken.

«Jetzt komm ich. Bin ich erwartet?» sagte er ein bißchen spöttisch.

Er hielt seiner Frau eine Tüte hin.

Sie war dabei, Staub zu wischen. Sie hatte gerade eine Menge Sachen von der Kommode heruntergerafft und auf den Tisch gestellt. Sie hatte vor einer Minute hastig das Staubtuch genommen, und nun versuchte sie so zu tun, als sei sie schon lange damit beschäftigt. Dabei hatte sie eben erst das Fenster verlassen. Mehrere Stunden hatte sie dagestanden, hatte starr nach ihm Ausschau gehalten.

«Du wolltest doch nur hin- und wieder zurückgehen», sagte sie jetzt.

«Ich bin auch hin- und wieder zurückgegangen», grinste er.

«Du wolltest spätestens um eins zurück sein.»

«Und jetzt is' es sechs», sagte er.

«Warum hältst du nicht Wort?»

«Willst du nicht in die Tüte gucken?»

«Du kannst sie da hinstellen», sagte sie. «Du siehst ja, daß ich Staub wische.»

«Ich mag deinen Ton nicht», sagte er.

«Warum ziehst du dich nicht aus?» sagte sie.

«Warum guckst du nicht in die Tüte?»

«Zieh dich aus», sagte sie, sah aber in die Tüte.

Es waren einige Äpfel, ein paar Apfelsinen und eine kleine Traube von blauen Weinbeeren darin.

«Das muß man schon sagen, einen rührenden Alten hast du gekriegt», sagte er und faßte sie unters Kinn.

Sie wich zurück.

«Findest du? ... Zieh dich aus, Sören!»

Er tat so, als ob er sie nicht höre, sondern ging um den Tisch herum und fing an zu pfeifen.

«Keine Post?»

«Nein», sagte sie.

Er stellte sich an den Schreibtisch und fing an, in einigen Papieren zu kramen. Er pfiff weiter. Er ging weiter um den Tisch herum. Er ging witzig auf den Absätzen und klatschte dann mit den Zehenspitzen auf.

Sie fuhr fort zu wischen, ohne ihn anzusehen. Als er hinter sie kam, fing er an zu steppen. Er klapperte einen kleinen Wirbel. Das war eine Aufforderung.

«Hörst du nicht?» sagte er, nachdem er den Wirbel dreimal wiederholt hatte.

Aber sie fuhr fort zu wischen, den Rücken zu ihm gekehrt. Da faßte er sie um die Hüften und versuchte, sie am Hals zu küssen. Aber sie gab ihm einen Stoß und rief: «Laß das!»

«Ach so – so heißt das hier», sagte er. «Man ist nicht willkommen zu Hause. Na ja, dann kann man ja wohl wieder gehen.»

Er schnitt eine sehr überlegene Grimasse und bog seinen Körper zurück.

«Dann geht man wohl also . . .»

«Bleib!» rief sie und drehte sich schnell um. «Du mußt bleiben!»

Sie sah ihn mit dunklen, verzweifelten Augen an.

Sie war blond und stämmig. Sie war sehr schmuck in ihrem blauen Kleid und ihrer weißen Schürze. Sie hatte volle, starke Arme, ein breites Kinn und einen eigensinnigen Mund. Ihre Freundinnen sagten oft, sie solle Sören «klug» nehmen. Sie verstand, was sie meinten, aber sie vermochte nie die kluge Methode anzuwenden. Sie konnte nie betulich auf ihn eingehen. Sie konnte nicht so tun, als wäre sie zufrieden. Sie konnte nicht vergessen, daß er betrunken war, schlecht gehandelt hatte.

«Gib mir 'n Kuß», sagte er.

«Lieber Sören, du weißt, daß ich dein Bestes will. Zieh dich aus!»

«Gib mir 'n Kuß», sagte er.

Sie zwang sich und ging zu ihm hin, nahm ihm den Hut ab und streichelte sein Haar. Er hob ihr Kinn hoch und küßte sie. Sie konnte nicht verhindern, daß ihr ein paar Tränen über die Wangen hinunterliefen.

«Warum weinst du?» fragte er. «Ich komm ja nach Hause und bin nett.»

«Du hättest nach Hause kommen sollen, so wie du gesagt hast», sagte sie und strich ihm über die Brust. «Ich hab hier gestanden und gewartet . . .»

«Verläßt du dich nicht auf mich?» sagte er.

«Darf ich dir den Mantel ausziehen?»

«Keine Eile.»

«Aber es hat doch keinen Sinn, den Mantel anzubehalten», sagte sie. «Zieh dich aus und leg dich hin und ruh dich aus. Ich werd ein besonders gutes Essen für dich machen.»

«Ich bin nicht hungrig», sagte er.

«Natürlich», sagte sie und wurde wieder bitter. «Du hast natürlich in der Runa gesessen und gegessen und getrunken.»

«Aber jetzt komm ich nach Haus und bin nett», sagte er.

«Wieviel Geld bist du losgeworden?»

Er wich einen Schritt von ihr zurück und war sehr gekränkt. Er schlug mit der Faust auf den Tisch und schrie:

«Wenn ich nach Haus komm und nett bin, will ich frohe Gesichter sehen, sonst geh ich gleich wieder weg. Hast du verstanden?»

«Zieh dir den Mantel aus», bat sie und ging dicht an ihn heran und versuchte ihn auszuziehen, aber er schlug ihre Hände weg.

«Man kommt nach Haus und ist nett, aber man wird mit saurer Miene empfangen», rief er. «Kein Wunder, wenn man sich dünne macht, wenn man sich mit so einer wie dir verheiratet hat. Wenn ich schlechter wäre, als ich bin, würdest du mich kein einziges Mal zu Haus sehen. Aber ich – ich komm nach Haus und bin nett und hab dir Obst gekauft, aber du guckst nicht mal in die Tüte.»

«Ich hab hineingeguckt», sagte sie.

«Aber du hast dich, hol mich der Teufel, nicht bedankt», schrie er.

«Danke schön», sagte sie und reichte ihm die Hand, aber er schlug sie weg.

«Ich seh keine Spur von Dankbarkeit bei dir, verfluchte Heuchlerin», schrie er.

«Wie du willst», sagte sie und fühlte, daß sie keine Kraft mehr hatte.

Ach, dachte sie, wenn ich doch bloß anders geschaffen wäre! Ich müßte wie Anna sein. Sie lacht und ist froh, wie auch ihr Alter nach Hause kommt. Sie stimmt ihn um und kriegt ihm die Kleider vom Leib und kriegt ihn ins Bett. Manchmal schlägt er sie, aber sie lächelt ihn trotzdem an.

Man könnte glauben, daß sie nichts fühlt, aber das tut sie. Sie leidet. Ich kenne sie. Ach, ich müßte so sein wie sie!

Sie ging in die Küche. Er setzte sich den Hut wieder auf. Er setzte ihn keck ins Genick. Die blonden Haare fielen ihm in die Stirn. Sie mochte ihn so schrecklich gern. Sie hätte ihn an sich drücken mögen. Sie hätte ihm erzählen mögen, daß sie sich selbst haßte, nur weil sie nicht leichtfertig war und so, wie er sie haben wollte.

«Man kommt nach Haus und ist nett», sagte er und stellte sich auf die Schwelle zwischen dem Zimmer und der Küche.

«Man kommt nach Haus und ist nett», sagte er wieder.

Er war richtig froh über diese Worte. Obwohl er sie schon mehrmals gesagt hatte, war es, als ob er sie nie zuvor gekannt hätte, fand er. Es gibt keine wahreren Worte!

Sie treffen genau ins Schwarze! dachte er, und er nagelte sie an die Decke, und sie wurden ein Trapez, und er konnte sein ganzes Leben am Trapez aufhängen, und es trug trotzdem.

«Man kommt nach Haus und ist nett», sagte er. «Weißt du, daß ich viel länger unten in der Stadt hätte bleiben können? Ich hätte jetzt verdammt viel Spaß haben können. Statt dessen kommt man nach Haus und ist nett zu einem maulenden Weibsstück. Verflucht noch mal, wie bin ich nett und dumm.»

Sie ging auf und ab in der Küche und wußte nicht, was sie machen sollte.

«‹Bleib du bei uns›, sagte Rickard zu mir, ‹du kommst früh genug nach Haus.› – ‹Nein›, sagte ich, ‹meine kleine Alte wartet auf mich. Ich will zu meiner kleinen Alten nach Hause gehen.› – ‹Stehst du unterm Pantoffel?› schrie Rickard. ‹Denkste, Scheißdreck›, schrie ich. ‹Aber ich mag gern zu Haus sein. Ich mag meine kleine Alte, denn sie ist verdammt prima.› – «Komm mit zur Gambrinushalle wenigstens›, sagte er. ‹Nein, hör auf›, sagte ich. ‹Ich will nach Haus zu meiner kleinen Alten.› – ‹Du bist schon vertrottelt›, sagte er. ‹Wir werden jetzt gleich verdammt viel Spaß haben. Ich bin einer Pulle Schnaps auf der Spur. Ich bin beinah verdammt sicher, eine Pulle in die Pfoten zu kriegen, noch vorm Abend›, sagte er. ‹Du kannst mit zu mir nach Haus kommen, Sören. Und verflucht noch mal, wir werden einen Teufelsspaß haben bei mir zu Haus›, sagte er. ‹Nein›, sagte ich. ‹Jetzt geh ich nach Haus. Ich will schnell mal eben bei Berg vorbeigehen und meiner Alten etwas Obst kaufen›, sagte ich. ‹Sie schwärmt so verdammt für Vitamine›, sagte ich, und ich hab nur Gutes von dir gesagt, du verflixtes Weibsstück!»

Sie stand am Herd mit dem Rücken zu ihm.

«Man kommt nach Haus und ist nett», sagte er wieder und war sehr froh darüber, diese Worte gefunden zu haben. Sie hingen wie ein Trapez über seinem Kopf, und er sprang hoch und ergriff das Trapez, und er konnte viele erstaunliche Kunststücke machen.

Er nahm auch eine ganze Menge von Begebenheiten und warf sie hinauf, und das Trapez trug verdammt gut, was er auch hinaufwarf. Manchmal hing er übrigens nur an der einen Seite, aber es trug trotzdem.

«Man kommt nach Haus!» sagte er nur.

Er war mächtig erstaunt darüber, daß er sich zu Hause befand. Es war außerordentlich merkwürdig, daß er da stand, wo er stand.

«Herrgott!» rief er. «Ich hätte mit Rickard gehen können. Der ist 'n goldrichtiger Bursche. Ha! Wieviel Spaß hätte man gerade jetzt haben können. Man hätte was von der Pulle abgekriegt und Rickard hätte einem ein Luder ranschaffen können. Man hätte um diese Zeit bei einem verteufelt scharfen Flittchen liegen können. Aber da geht man statt dessen hierher nach Haus.»

«Sören», sagte sie und ging zu ihm hin und legte ihre Hände auf seine Schultern. «Du weißt, daß ich dein Bestes will. Zieh dich aus. Du wirst es morgen nur bereuen, wenn du noch mal in die Stadt gehst. Wenn du schon nicht an mich denkst, so denk an das Geld.»

Er stieß sie weg und hielt sie auf Armeslänge von sich entfernt.

«Wenn ich dich angucke», sagte er, «bin ich mehr und mehr erstaunt, daß ich nach Hause gekommen bin. Verflucht, wie muß ich nett sein! Wenn ich dich angucke, dann wird's mir so recht klar im Kopf, daß ich wohl der netteste Kerl auf der Welt sein muß.»

Sie ließ ihn allein stehen und wußte nicht, was sie tun sollte.

«Verflucht, wie bin ich nett!» schrie er.

Sie wünschte, daß sie lächeln könnte. Sie wünschte, sie könnte mit ihm schäkern. Anna konnte mit ihrem Alten schäkern, wenn er besoffen nach Hause kam. Obwohl es in ihrem Herzen schmerzte, konnte sie lachen und lächeln. Anna war eben eine wunderbare Frau. Soweit konnte sie es nie bringen. Sie konnte nichts leichtnehmen. Sie konnte das, was recht und richtig war, nicht verraten und auch nicht verschweigen. Sie war ein gebundener und unfreier Mensch, das wußte sie, aber sie konnte nichts dagegen machen.

Sie ging in die Speisekammer und sammelte eine Waschschüssel voll Kartoffeln. Dann nahm sie die Schüssel zum Ausguß und fing an, die Kartoffeln zu waschen. Das Ganze war unnötig, denn sie selbst wollte kein Essen haben, und er wollte auch kein Essen haben. Aber es erleichterte sie, etwas zu tun zu haben.

«Man kommt nach Haus und ist nett», sagte er wieder, aber jetzt fühlte er sich nicht so froh wie vorhin.

Er sah umher, und sein Gesicht war beinah leer. Die

Worte waren nicht mehr ein Trapez über seinem Kopf. Sie waren ein Zaun zwischen ihm und ihr. Wenn sie doch wenigstens zu schätzen gewußt hätte, daß er nach Haus gekommen war! dachte er. Wenn sie nur die Obsttüte gewürdigt hätte. Wenn sie verstanden hätte, daß er nicht nur Versuchungen unterlegen war, sondern auch eine ganze Menge überwunden hatte, ja, daß er die schwersten überwunden hatte, dann würde er jetzt nicht in Hut und Mantel hier stehen, dann würde er sie jetzt in seinen Armen halten.

«Man kommt nach Haus und ist nett», sagte er.

Aber jetzt bekam er nichts aus den Worten heraus. Er war verzweifelt. Herrgott, dachte er, wie dumm und mißglückt unsere Ehe ist. Wie dumm und mißglückt ich bin. Ich müßte anders sein. Tyra hätte einen anderen Kerl bekommen sollen. Alle sagen, sie ist die prächtigste Frau hier in der Gegend. Die kann wirtschaften! Verflucht noch mal, warum bin ich nicht so prächtig wie sie? Warum kann ich nicht ein bißchen von ihrer Standhaftigkeit bekommen?

Er sah sie an. Sie hatte eine schmutzige, gestreifte Schürze über die weiße gebunden und saß nun auf einem Stuhl mit der großen Schüssel auf dem Schoß. Neben sich auf den Fußboden hatte sie einen weißen Emailleeimer gestellt mit ein bißchen Wasser drin. In der Hand hielt sie einen gelben Kartoffelschäler. Sie hatte schon mehrere geschält. In gleichmäßigen Abständen plumpste eine weiße, schöne Kartoffel nach der anderen in den Eimer. Sie schälte genau, mit dünnen Schalen, und alle schwarzen Augen stach sie mit der Spitze aus. Bald bedeckten die Schalen alle Kartoffeln in der Waschschüssel. Sie mußte immer weiter mit den Händen hineinfahren, um sie zu greifen.

Er stand lange und sah zu. Die Verzweiflung vertiefte sich in ihm. Er konnte sie nicht ertragen, ohne rasend zu werden.

«Man kommt nach Hause und ist nett!» schrie er wieder. «Aber obwohl man nach Hause kommt und nett ist, wird man von einem verfluchten maulenden Weib empfangen, das nichts von einem hält. Ich brauchte nur das Weiße in deinen Augen zu sehen, als ich in die Tür kam, um zu verstehen: Gott, wie dumm ich bin, daß ich zu der nach Haus komm und nett bin.»

Sie schwieg und schälte. Sie verstand jetzt, daß er wieder in die Stadt gehen würde. Er würde weitertrinken und Geld ausgeben und seinen Körper und sein Gewissen zerstören. Er würde mit diesem Rickard nach Hause gehen. Sie würden sich vollaufen lassen und andere Frauen haben.

Oh, es wollte sie zerreißen! Warum war sie nicht anders geworden? Warum konnte sie nicht ihre eigenen Forderungen herunterhandeln, um es ihm recht zu machen?

«Man kommt nach Haus und ist nett!» schrie er. «Aber hier zu Haus kann man nicht sein. Wiedersehn!»

Er beugte sich durch die Türöffnung über den Zaun seiner Worte. Er fühlte, daß er das Äußerste an Niederträchtigkeit erreichte, aber er konnte die verächtliche Grimasse gegen sie und die herabsetzende Gebärde nicht verhindern.

«Wiedersehn, du maulendes Weib!» schrie er.

Er machte kehrt und fing an zu pfeifen. Er ging ein paarmal um den Tisch herum. Dann fing er an zu steppen. Das war zum Abschied.

Sie hatte aufgehört zu schälen. Sie starrte in die Waschschüssel auf die schmalen, schmutzgrauen, gewundenen Schalen. Es kam ihr plötzlich wie ein Gehirn vor, ein Menschengehirn, oder vielleicht das Gehirn Gottes, oder vielleicht das Gehirn des Daseins, das, was da in der Waschschüssel auf ihrem Schoß lag.

Ihre Verzweiflung schloß sich und wurde wie endgültig; gewann eine überpersönliche Reichweite; umfaßte die ganze Wirklichkeit. Nichts konnte sich auf eine sonnigere Seite hinüberretten. Das ganze Fundament war angefressen. Alles erlag der Verzweiflung.

Der Schmerz, der sie ergriff, war beinah betäubend. Er hüllte sie in eine schwarze Wolke ein. Sie wäre vernichtet worden, wenn es weitergegangen wäre, dachte sie hinterher. Sie hätte in seinem grauenvollen Raum nicht existieren können. Weit, weit weg hörte sie Sörens höhnisches Abschiedssteppen. Es starb mehr und mehr und erreichte fast die Ebene der Geräuschlosigkeit.

Da sprang sie plötzlich auf und lief ins Zimmer und warf sich an ihn.

«Sören! Ich habe so furchtbare Angst!» rief sie. «Du mußt mir helfen!»

Sie zerrte an ihm und sog sich an seinem Mund fest.

«Ach, wie ich dich liebe, wie sehr ich dich liebe!» flüsterte sie an seiner Wange. «Verzeih mir. Es ist mein Fehler. Glaub mir trotzdem. Ich lieb dich so unsagbar. Ich möchte so sein, wie du mich haben willst.»

Er wurde beinah nüchtern. Ein eiskalter Pfahl wurde quer durch ihn hindurchgetrieben. Er war so beschämt, daß er weder schlucken noch atmen konnte. Er fühlte, daß er bald in Tränen ausbrechen würde, wenn sie nicht aufhören würde, solche Worte zu flüstern wie jetzt. Oh! Er hätte sein Leben opfern können, um sie strahlen zu sehen. Er fühlte, daß er alles anderen unwürdig war. Sie zu streicheln, sie zu küssen: All das war unmöglich und unverzeihlich. Er hätte sterben können für sie, nichts anderes würde seine Schuld tilgen.

«Pfeif auf den Lotterkerl», sagte er mit dicker Stimme. «Laß ihn ins Verderben gehen.»

Aber sie zog ihn zur Couch. Es gelang ihr, ihm den Mantel, die Jacke und den Kragen auszuziehen. Sie legten sich und drückten sich aneinander, Stunde für Stunde. Der Schmerz in ihren Seelen löste sich. Er wußte, daß er nicht anders geworden war. Sie wußte, daß sie nicht anders geworden war. Beide wußten, daß das, was heute abend geschehen war, sich wiederholen würde, vielleicht am nächsten Sonnabend, vielleicht an irgendeinem anderen Tag. Aber dieses Wissen war nicht mehr ein Hindernis zwischen ihnen. Im Gegenteil, es ließ sie einander tiefer und voller auskosten.

Thaddäus Troll

Dichterlesung in Funzwang

Am frühen Nachmittag kommt Herr K. mit dem Zug in Funzwang (Kreisstadt an der Funz, 56 000 Einwohner, 544 Meter über Meereshöhe, spätgotische Kirche, Textilindustrie, Artilleriekaserne) an. Der «Verein zur Fortbildung» hat ihn eingeladen, aus seinen Werken zu lesen. Er trägt in seinem Köfferchen Nachtutensilien, ein paar noch nicht gedruckte Manuskripte und gebundenen Eigenbau mit sich; im Zug hat er eine Auswahl daraus zusammengestellt, die er am Abend den Funzwanger Kulturinteressenten nahezubringen gedenkt.

Vor dem Bahnhof prallt er auf eine Plakatsäule, auf der ein Anschlag seinen Namen und seine Absicht verlautbart, die in das Wort *Dichterlesung* gekleidet ist, einen Begriff, den er nicht mag, weil es so christlich und stefangeorgisch zugleich nach Erbauung und Verkündigung riecht. Gäste zahlen zwei Mark, Mitglieder des «Vereins zur Fortbildung», Studenten und Militär eine Mark Einlaß.

Herr K. fragt nach dem *Gasthof zum Rößle* (erstes Haus am Platze), ja, das sei etwas abgelegen und das einzige Bahnhofstaxi sei meist unterwegs. Herr K. beschließt, den nässenden Weg zu Fuß zu gehen, ein Sarggeschäft erschreckt ihn, barocke Truhen mit silbernen Beschlägen; im Aushang der *Funzwanger Neuesten Nachrichten* glotzt ihn aus dem lokalen Teil sein Jugendbild an, darunter tut eine Nachricht kund, der Dichter K. weile heute in den Mauern unserer Stadt, die Bevölkerung möge in hellen Scharen dem Ereignis beiwohnen, um das kulturelle Interesse des aufsteigenden Ballungszentrums unter Beweis zu stellen.

Es nieselt, der Tag fühlt sich an wie ein nasses Taschentuch, und Herr K. hat keineswegs Erhabenes im Sinn, eher einen Mittagsschlaf, denn er hat die Nacht zuvor gefeiert, wobei auch Alkohol im Spiele war, das Bett im *Rößle* ist daher höchstes Ziel seiner Wünsche. Am Büfett des Gasthofes verheißt ein Schild «Eigene Schlachtung» nichts Gutes. Schlägt sich hier der Wirt kannibalisch selbst in die Pfanne? Gibt sich gar die Wirtin für einen Menschenschmorbraten her oder hin? Man fragt ihn nach seinen Wünschen, er bittet zunächst um eine ruhiges Zimmer, eine schlachtreife Dame entgegnet ihm, der «Verein zur Fortbildung» habe aber nur ein ganz einfaches Zimmer für ihn bestellt, er wagt nicht, eventuellen zusätzlichen Komfort zu fordern und aus eigener Tasche zu bezahlen, man weist ihm einen Raum zu, den auf der einen Seite der Lift, auf der anderen die Toilette flankieren, unter dem Zimmer befindet sich die Küche. Herr K. packt sein Köfferchen aus, stellt verdrossen fest, daß er den Rasierapparat vergessen hat, zieht sich aus und dämmert dem erwünschten Mittagsschlaf entgegen.

Diese Absicht wird vom Telefon unterbrochen, aus dem sich eine Dame namens Herta meldet, die behauptet, Herrn K. vor Jahrzehnten nahegestanden zu haben, sie sei hier verheiratet, ihr Mann bekleide ein gehobenes Amt bei der Stadtverwaltung und dürfe nicht wissen, wie schön Herr K. in seinen Werken die gemeinsame Liebe habe anklingen lassen, und ob er nicht zum Abendessen kommen wolle. Herr K. stammelt etwas von innerer Sammlung, die er vor einer Lesung benötige, von daraus resultierender

Ungeselligkeit und der Unfähigkeit, seinem Magen zu diesem Zeitpunkt kulinarische Köstlichkeiten zuzuführen, man könne sich ja nach der Lesung im Kreis anderer Interessenten im *Rößle* treffen. Herta, an die sich Herr K. nur verwaschen und ohne jedes Lustgefühl erinnert, ist zufrieden.

Herr K. vergleicht sich jetzt selbst mit Spitzwegs armem Poeten, er greift zu *Theater heute*, allerlei Unverständliches wie Tiefsinniges darin ermattet ihn so, daß er eindämmert, bis ihn Kinderstimmen wecken, sie brechen in Gesang aus, eine Kapelle verbreitet Fröhlichkeit. Herr K. sucht die wächsernen Kugeln, die er für solche Fälle parat hat, um sie in die Ohren zu stopfen, aber sie vermögen nicht dem fröhlichen Lärm den Eintritt zu verwehren, er kleidet sich an, erfährt unten, daß heute im *Rößle* der traditionelle und beliebte Kinderfasching stattfindet, worauf er beschließt, die Stadt zu besichtigen.

Leider ist die Stadtkirche evangelisch und daher geschlossen. Herr K. bestaunt statt des Schnitzaltars die kolorierten Standfotos eines Films über Liebestechnik, er bummelt durch einen Supermarkt, kauft allerlei unnütze Knöpfe und tut sich schließlich im *Café Funzblick* einen ungewohnten Pfirsich Melba neben der Lektüre der Lokalzeitung an. Im *Rößle* ist inzwischen der Kinderfasching abgeebbt, die Küche schickt eine Geruchsspeisekarte ins Zimmer, dennoch gelingt es Herrn K., noch ein wenig zu entspannen und vor sich hinzudösen.

Um halb acht Uhr zieht er ein weißes Hemd und eine dezent gemusterte Krawatte an und macht sich auf den Weg zur Zeppelin-Oberschule, wo er sich zur Schau stellen muß. Sie ist etwas außerhalb des Ortes, dennoch teilen kleine Gruppen mit ihm den Weg, Herr K. hat das solidarisierende Gefühl, sich im Strom seiner Leser zu bewegen. Bedauernd konstatiert er in der Zeppelin-Oberschule, daß der Strom dem Musiksaal zustrebt, wo ein Lichtbildervortrag über die Gletscherwelt Südtirols bevorsteht, während der Bastelsaal, in dem seine Lesung stattfindet, nur eine traurige Versammlung zweckentfremdet leerer Stühle vorweist. Ein Herr tritt ihm entgegen, er sieht aus, als habe der Ruhestand seine Aussicht auf die Ewigkeit intensiviert, er stellt sich als Vorsitzender des «Vereins zur Fortbildung» vor, leider sei der Vorverkauf sehr schleppend gewesen, auch der Vortrag des Alpenvereins am gleichen Ort nehme Besucher weg, zudem habe der Lions-Club am Nachmittag eine größere Beerdigung gehabt, deren Folgen sich wohl bis in den späten Abend hinauszögen, und schließlich sei im Fernsehen noch ein Krimi, so daß nur mit einem kleinen, aber desto interessierteren Kreis zu rechnen sei. Ein Büchertisch ist aufgebaut, Herr K. vermißt darauf seine jüngsten Werke, leider habe der Verlag nicht pünktlich geliefert, bedauert die junge Buchhändlerin, obwohl man schon vorgestern bestellt habe. Zwei Personen betreten nun den Saal, wir sind jetzt schon zu fünft, stellt Herr K. fest, der Vorsitzende entschuldigt sich, er müsse jetzt die Gäste begrüßen, man fange hierorts nie vor Viertel nach an. Herr K. weiß nicht recht, wohin mit sich, er ergeht sich in den Schulgängen und stellt fest, daß es dort noch genauso nach Schwamm, verregneten Mänteln und Putzmitteln riecht wie in seiner Jugend, er schlägt die Zeit tot und betritt um Viertel nach acht den Saal, der mit immerhin vier Dutzend Interessenten schütter besetzt ist.

Der Vorsitzende bittet ihn, in der ersten Reihe Platz zu nehmen, und besteigt das Rednerpodium, um ihn einzuführen. Er spricht ein paar Sätze: nicht hoch genug anschlagen, dankbares Publikum, echte Aussagen, heimatverbundenes Anliegen, gern bereit, seine Bücher zu signieren. Dann erteilt er dem unter ermunterndem Beifall das Podium betretenden Herrn K. das Wort.

Der fühlt sich hinter dem pädagogischen Katheder etwas fehl am Platz, ein legerer Tisch mit Stuhl wäre ihm lieber gewesen, ein Glas Wasser glotzt ihn ernüchternd an. Er liest zuerst einen leicht faßlichen Text, mit dem er Schmunzeln auszulösen gewöhnt ist, eine Art literarische Lockerungsübung, die ihm Zeit läßt, das Publikum zu betrachten, ein paar Damenhüte von verschämter Kühnheit, blasse alte Herren, viele Brillen, Damen, die aussehen, als ob sie karitativen Berufen nachgingen, ein paar jugendliche Bärte, die werden doch keinen Rabatz machen: ein Publikum, von dem zu befürchten ist, daß es unter dem sanften Druck von Telefongesprächen des Vorsitzenden herbeigeströmt ist, mehr von der gesellschaftlichen Pflicht als vom Vergnügen zusammengewürfelt, wie es Herrn K. scheint, der nun mit ein paar scherzhaften Worten – die mit einigem Befremden hingenommen werden, denn einen scherzenden Dichter ist man nicht gewöhnt – zu seiner frühen Lyrik greift und damit Emotionen weckt, so etwas wie Rührung kommt auf, Herrn K. ist das unbehaglich, denn er weiß, nichts ist leichter, nichts ist billiger, als Gefühle zu wecken, er kommt sich wie ein Falschmünzer vor. Er spricht jetzt mit seinem Werk ein paar Zuhörer an, ein Mütterchen, das in der ersten Reihe von Müdigkeit heimgesucht wird, in der dritten Reihe einen recht adretten roten Hut, in den Mundwinkeln sitzt ein Krümel Ironie, er richtet das Wort an die Dame, die von des Dichters Werk beeindruckt erscheint. Jetzt entdeckt er in seinem Text einen Druckfehler, statt Ganglien steht da in seinem Gedicht *Gaglein*, zu blöd, und noch niemand hat ihn darauf aufmerksam gemacht. Der Dichter ist so irritiert, daß er sich ein paarmal verspricht, wodurch seine freien Rhythmen zu holpern beginnen. Er schaut auf die Uhr, es ist Viertel vor neun, er spürt, mehr als eine starke Stunde darf er diesem Publikum nicht zumuten. Also greift er zu seinem neuen Roman, noch ungedruckt, eine Montage aus Zitaten, Werbetexten, Wortspielen, Dialekteinsprengseln, Assoziationen, man hat ja nicht umsonst seinen Handke gelesen. Er trägt ganz schlicht vor, aber das Publikum scheint auf der Strecke zu bleiben, er artikuliert stärker, läßt ein wenig Pathos einfließen, setzt Betonungen, sucht den Text faßlicher zu gliedern. Schließlich fällt das Wort *Scheiße*, Signal des Progressiven, es aktiviert die Zuhörer, sicher hört man es in der Zeppelin-Oberschule nie im Deutschunterricht, höchstens in den Pausen, auch im «Verein für Fortbildung» hat es noch kein Dichter gebraucht, Gelächter meldet sich an, nein, so einer, das Publikum scheint gespannt, was da noch kommen wird, einen Tabubrecher haben wir da nach Funzwang bekommen, auch das Mütterchen ist erwacht, die Stimmung für den weiteren Verlauf des Abends scheint günstig.

Herr K. schichtet Denkformen, erhellt das Bewußtsein, stabilisiert Disharmonie, lotet Tiefe und genießt jetzt seinen eigenen Text wie Haschisch. Aber nach weiteren zehn Minuten sind die Wirkungen des aktivierenden Worts dahin, das Mütterchen ist wieder eingenickt, ein größerer Bakterieneinbruch scheint stattgefunden zu haben, Hüsteln, Husten, nur der rote Hut in der dritten Reihe hängt noch am Munde des Dichters, der nun bemerkt, er werde zum Schluß kommen, was die Zuhörer wieder munterer macht: Was macht man jetzt mit dem angebrochenen Abend, reicht es noch zur Spätausgabe der Tagesschau? Der Dichter schließt mit einem pointenreichen Essay, er endet ziemlich abrupt, der Beifall ist erleichtert und freundlich, er überredet ihn zu einer Zugabe, das hätte er nicht tun sollen, das Publikum wird wieder unruhig, der Dichter überlegt seinen Abgang, jetzt aus dem Saal gehen, nein, er muß ja noch signieren, in die erste Reihe setzen, dann denken die womöglich, er mache nur Pause. Freundlicher Beifall, der Vorsitzende steht auf, drückt ihm die Hand, nimmt ihm die Sorge, indem er ein Schlußwort spricht: Tiefe des Gehörten, großes Erlebnis, Wesentliches nach Hause tragen, denen mitteilen, die unbegreiflicherweise nicht erschienen, nächster Abend in vier Wochen ein Lichtbildvortrag über vorschulische Aufklärung. Ende.

Das Mütterchen erschreckt ihn mit der Vermutung, sicher sei sie derselbe Jahrgang wie er, naht sich Herrn K., eröffnet ihm, sie sei auch im gleichen Ort geboren, und bittet um Signierung eines Buches. Er weiß nicht recht wo, geht wieder ans Katheder, schreibt seinen Emmerich K. ins Buch; um den Büchertisch bildet sich eine Gruppe, eine kleine Schlange vor dem Pult, man steht um Herrn K.s Namen an, das tut wohl, auch der rote Hut ist darunter. Er schreibt, lächelt an, man macht ihm Komplimente, bedankt sich, er sei wirklich erhebend gewesen, nun ist der rote Hut an der Reihe, Herr K. faßt sich ein Herz, ein Kreis Interessierter treffe sich noch im *Rößle*, ob Lust? Ja schon, aber ... Die Erklärung wird von einem in der Seelsorge tätigen Herrn abgeschnitten, der Herrn K. einen umständlichen Traum schildert, der sicher Stoff für einen christlichen Roman sei. Der rote Hut postiert sich unschlüssig im Mittelgang, Herr K. meint aus der Haltung schließen zu können, daß gegen eine Begegnung im *Rößle* keine Abneigung besteht, aber der Seelsorger ist verbal arg ausschweifend, die Dame vom Büchertisch bringt Liegengebliebenes, Ladenhütendes und bittet um vorsorgliche Signierung, inzwischen hat sich der Saal geleert, nur der Vorsitzende ist geblieben, um den Dichter ins *Rößle* zu begleiten. Dort ist schon ein ganzer Tisch versammelt, leider ist der rote Hut nicht dabei, dafür Herta, die Jugendfreundin, mit einem zu Recht auf Diät gesetzten Gatten, dann noch ein Schulkamerad, der, weil früh und oft durchgefallen, es in Funzwang zu großem Reichtum gebracht hat, Herrn K. wird ein Ehrenplatz zugewiesen, seine Umgebung wird bedient, während er ärgerlich lange auf das wohlverdiente Glas Wein warten muß, während man ihm Geschichten aus seinen Werken erzählt, die ihm inzwischen fremd geworden sind, und um Ausdeutung bittet; Vorschläge für neue Werke macht und ihm Schnurren und Sagen aus der näheren Heimat erzählt. Es bleibt Herrn K. nichts anderes übrig als zum Gegenangriff überzugehen und Anekdoten zu verplaudern, die man ihm daheim in der Familie übelnimmt, weil er sie dort schon zu oft erzählt hat.

Der Abend wird anregend beschlossen. Herr K. trinkt mehrere Schoppen, man freut sich, einen Dichter im Kreis zu haben, Herta drückt ihm verstohlen die Hand und deutet, für ihn nur noch schwer verständlich, Vergangenes an.

Obwohl er sich den Luxus des Ausschlafens gönnen wollte, sieht man den unrasierten Herrn K. schon am frühen Morgen auf dem Bahnsteig stehen. Lift und Toilette wurden schon zwischen Tag und Tau rege benützt, auch das Anbraten der eigenen Schlachtung ward schon zu früher Morgenstunde ruchbar. Herr K. friert, streicht über das kratzende Kinn, hofft keinen Bekannten zu treffen und freut sich auf sein Zuhause.

Traumpartner der Liebe

Er ist anders als andere Männer

Sind Sie bereit, sich auf Unvorhergesehenes einzulassen? Können Sie mit einem Mann leben, der im einen Augenblick der beste Mensch der Welt und im nächsten Moment unglaublich schwierig ist? Macht es Ihnen nicht allzuviel aus, stundenlang wartend herumzustehen, weil dieser Mann zufällig einen Freund getroffen hat, den er lange nicht mehr gesehen hat? Sind Sie sich wirklich bewußt, wie unkonventionell ein Wassermann-Traumpartner ist und daß Sie sein Verhalten so wenig voraussehen können wie bei keinem anderen Mann, den Sie jemals das Glück hatten kennenzulernen? (Nun ja, manche Frauen mögen es nicht gerade als Glück bezeichnen, einen Wassermann-Mann kennengelernt zu haben, aber sie hatten vielleicht nicht die richtige Antenne für seine Qualitäten.)

Der Wassermann ist ein Luftzeichen – kein Wasserzeichen, wie fälschlicherweise oft angenommen wird. Er wird vom inspirierenden Planeten Uranus beherrscht. Es ist völlig ausgeschlossen, daß ein Wassermann ein eintöniges Leben führt. Der Wassermann ist das Zeichen der Erfindungsgabe, des Weltraumzeitalters. Denken Sie nur an Thomas Edison, Abraham Lincoln, Charles Lindbergh und Galileo Galilei. Auch Franklin Roosevelt, Ronald Reagan, Humphrey Bogart, James Dean und Paul

Newman sind in diesem Zeichen geboren. Wie Sie sehen, fast alles Männer mit irgendwelchen besonderen Qualitäten.

Der Wassermann-Mann kann Sie mit Leichtigkeit bis zu hundertmal am Tag auf die Palme bringen, ohne es überhaupt zu bemerken. Er verhält sich praktisch nie so, wie Sie es gerade erwarten. Es kann sogar Augenblicke geben, in denen Sie sein Sternzeichen zum Teufel wünschen und sicher sind, daß Sie mit jedem anderen besser zurechtkämen.

Sollten Sie einem der interessantesten Männer, denen Sie je begegnet sind, vorgestellt worden sein, dessen Intellekt und Freundlichkeit – von seinem brillanten Aussehen einmal ganz abgesehen – Ihnen einen ahnungsvollen Schauer den Rücken hinablaufen läßt, und werden Sie den Verdacht nicht los, daß er sich auch von Ihnen angezogen fühlt, müssen Sie sich auf schwere Zeiten gefaßt machen.

Der Wassermann-Mann hat sozusagen überall und immer Freunde (denen er natürlich auch entsprechend häufig begegnet). Er ist im Grunde das Zeichen der Freundschaft oder vielmehr Freundschaftlichkeit. Seltsamerweise fällt es den meisten Wassermännern leichter, mit Menschen auf einer freundlichen, aber unverbindlichen Ebene auszukommen, als den Menschen, die ihnen am meisten am Herzen liegen, ihre Gefühle zu zeigen.

Falls Sie schon einmal in einen Wassermann verliebt waren, könnte Ihre Beziehung ganz gut deswegen gescheitert sein, weil Sie es irgendwann satt hatten, noch länger auf eine überzeugende Liebeserklärung von ihm zu warten. Sie müssen jedoch wissen, daß der Wassermann-Mann, und wenn er zuweilen noch so kühl, distanziert und gleichgültig wirkt, das noch lange nicht *ist*. Sie mögen es für schmerzlich halten, daß er mehr denkt als fühlt. Doch wenn Sie ihn aus der Reserve locken, tut sich eine neue

Welt vor Ihnen auf, deren Zauber Sie sich nicht entziehen können und wollen.

Der Wassermann-Traumpartner verfügt zweifelsohne über sehr viel Charme. Daran gibt es nichts zu deuten. Er kann Ihnen fast alles, was er will, weismachen. Andererseits liebt er es, Sie stets etwas im ungewissen zu lassen. Wenn Sie einen Mann suchen, der nie im siebten Himmel schwebt, aber auch möglichst nie scheinbar grundlos am Boden zerstört ist, der Sie exakt zum verabredeten Zeitpunkt anruft, der seit Jahren an der gleichen Arbeitsstelle von neun bis fünf Uhr seiner Arbeit nachgeht, können, nein müssen Sie den Wassermann wohl oder übel von Ihrer Liste streichen.

In vieler Hinsicht war James Dean die idealtypische Verkörperung des Wassermanns. Sowie er auf der Bühne erschien, war es, als ginge ein überirdisches Licht an. Auf seinem Gesicht lag ein Ausdruck, den man so schnell nicht wieder vergißt. Dazu kamen sein exzentrisches Benehmen, sein jungenhafter Charme – und seine Schwierigkeiten, denen, die ihm nahestanden, verbunden zu bleiben. Ist es da erstaunlich, daß er nach seinem plötzlichen Tod zu einer Kultfigur wurde? Noch heute fließen beim Anblick seiner hinreißenden (ein echtes Wassermann-Wort) Darstellung des Cal in «Jenseits von Eden» Tränen im Publikum.

Nehmen wir einmal an, Sie haben einen Mann kennengelernt, über dessen Sternzeichen Sie sich noch nicht ganz im klaren sind. Lassen Sie die Begegnung noch einmal Revue passieren. Kam er Ihnen etwas exzentrisch vor? Barst er förmlich vor originellen Einfällen, und konnte er es kaum erwarten, sie vor seinen Zuhörern auszubreiten? Hatten Sie den Eindruck, daß er über das gleiche Thema sich mal so, mal so äußerte? Daß er nur zu gut wußte, daß er anders ist als andere Männer, und daß er, so lange es ihm paßt, frei wie ein Vogel bleiben will? Flirtete er sehr galant, ohne den Eindruck zu erwecken, Sex sei das wichtigste in seinem Leben?

Die meisten hier angeführten Eigenschaften treffen auf den typischen Wassermann-Mann durchaus zu, und Sie können daher annehmen, daß Ihr neuer Schwarm in diesem Zeichen geboren ist. Der Wassermann-Traumpartner ist allerdings nicht weniger sinnlich und leidenschaftlich als jeder andere Vollblutmann. Nur überlegt er, bevor er handelt. Er braucht eine Frau, die mit ihm reden kann, das heißt, die nicht nur darüber schwatzt, was sie den Tag über getan hat oder daß ihre Freundin sich schon wieder mit einem verheirateten Mann eingelassen hat. Dieser Mann ist am *Leben* interessiert. Er glaubt an die Menschlichkeit, an die Kausalität der Dinge, kurz, er ist ein echter Idealist und macht sich nichts aus Klatsch und Tratsch.

Er verfügt auch über erstaunlich viel Intuition und liest in Ihnen wie in einem Buch. Mitten in einer Menschenmenge spürt ein Wassermann instinktiv, wem er trauen kann und wen er besser meidet. Der Wassermann-Mann wirft sein Herz nicht einfach fort, vor allem wenn er schon einmal verletzt worden ist, bevor er seine intuitiven Fähigkeiten voll entfalten konnte.

Jetzt haben Sie sein Sternzeichen erraten und träumen von Paul Newmans hinreißenden blauen Augen (ja, Blau *ist* die Farbe des Wassermanns). Sie fragen sich vielleicht, wie Sie den ersehnten Wassermann-Traumpartner auf sich aufmerksam machen können. Oder sind Sie immer noch leicht verwirrt? Erinnert er Sie in der Art, wie er Menschen suggeriert, er wisse alles besser als jeder andere, an einen echten Schützen? Oder hat er sich so kritisch über einen neuen Film geäußert, daß er auch im Zeichen der Jungfrau geboren sein könnte?

Fragen Sie ihn doch nach seiner Tätigkeit. Er beschäftigt sich sicherlich nicht mit alltäglichen Dingen. Wassermännern werden sehr gute Leistungen im Rundfunk, Fernsehen und Filmgeschäft, in Wissenschaft und Politik, in der Sozialarbeit, Astrologie, Archäologie, Luftfahrt und als Erfinder nachgesagt.

Haben Sie schon darauf geachtet, wie er gekleidet ist? Sie wissen ja bereits, daß der Wassermann-Mann viel für spektakuläre Auftritte übrig hat. Er kann ohne weiteres bei einem vornehmen Essen in alten Jeans und einem Sweatshirt auftauchen, nur um die Gastgeber zu schockieren, weil er sie für snobistisch hält. Oder aber er trägt ein Folklorehemd. Er trägt überhaupt gern bequeme Kleider, hat aber einen eigentümlich treffsicheren Blick für Modisches. Gewöhnlich ist er auch darin seiner Zeit voraus.

Während er einem Gespräch anscheinend voll konzentriert folgt, weilt er in Gedanken oft ganz woanders, und doch entgeht ihm kein einziges Wort. Er kann seine Aufmerksamkeit allerdings nicht über längere Zeit auf jemanden richten, der stundenlang das gleiche Thema wiederkäut, da er ja selbst ungeheuer Wichtiges mitzuteilen hat: etwa seine Ansichten über die Atomenergie, die Ereignisse in Nicaragua oder auch das Neueste der extremen Linkspartei.

Nun dämmert Ihnen sicher allmählich, daß der Wassermann-Mann vom Leben allerlei Aufregendes erwartet und daß er ein recht ausgefallenes Mannsbild ist. Wenn Sie gerade allein sind und nun beschlossen haben, sich auf die Suche nach einem Wassermann-Traumpartner zu machen, bleibt noch die Frage, wo Sie ihn auftreiben können. Ich gebe Ihnen den Tip, in Vereinen und Gesellschaften Ausschau zu halten. Wo immer er Gelegenheit hat, seine erfinderischen, originellen Einfälle möglichst vielen Menschen zu unterbreiten, dorthin zieht es ihn. Er beschäftigt sich unablässig mit ungewöhnlichen Themen. Sie können ihm also geradeso gut in einem Abendkurs für Fotografie oder Astrologie begegnen wie auf einem Ostermarsch oder einer Demonstration gegen Atomkraftwerke – seine humanitären Idealvorstellungen läßt er sich niemals nehmen.

Mit einem Wassermann, den Sie im Urlaub kennenlernen, steht Ihnen eine aufregende Zeit bevor. Allerdings treffen Sie ihn nicht auf den Haupttrampelpfaden des Tourismus. Nein, vermutlich plant er einen Urlaub, der sich von dem all seiner Bekannten unterscheidet. Vielleicht reist er allein (er weiß, daß das nicht lange so bleibt). Wenn Sie mit ihm Bekanntschaft schließen, dürfen Sie aber nicht erwarten, daß sich daraus sofort eine Urlaubsromanze entwickelt, so sehr Sie sich das auch erhoffen. Sie müssen sich zunächst damit zufriedengeben, einfach eine gute Bekannte zu sein, es sei denn, sein persönliches Horoskop sorgt für eine etwas leidenschaftlichere Persönlichkeit. Sie müssen so unwiderstehlich und einzigartig erscheinen, daß er Sie einfach nicht übersehen kann. Versuchen Sie doch einmal, genauso kühl und distanziert zu wirken wie er.

Sollten Sie dieses Kapitel lesen, weil Sie sich bereits Hals über Kopf in einen Wassermann-Mann verliebt haben, müssen Sie sich auf seine unberechenbare Art einstellen und dürfen nie zu besitzergreifend sein. Nur weil er sehr lange ausbleibt, muß er noch lange nicht mit einer andern im Bett liegen. Er ist sehr loyal, sobald er sein Herz an jemanden verloren hat. Denken Sie nur daran, wie lange Paul Newman mit Joanne Woodward verheiratet ist oder Ronald mit Nancy.

Ein Wassermann-Traumpartner läßt sich nie wirklich binden. Das Leben muß für ihn voller Abenteuer sein. Er überläßt sich gern spontanen Einfällen. Deswegen fällt es ihm auch so schwer, pünktlich zu sein.

Er braucht eine Frau, die ebensogern ihr eigenes Leben führt, wie sie mit ihm zusammen ist. Doch aufgepaßt: Auch der freiheitsliebende Wassermann kann eifersüchtig werden. Weil er im Grunde vollkommen aufrichtig ist, kann er es nicht ertragen, wenn Sie ihm Lügen auftischen. Wenn Sie klug sind, probieren Sie das gar nicht erst aus. Er würde Sie ohnehin durchschauen. Glauben Sie ja nicht, er könne nicht zwei und zwei zusammenzählen, nur weil er häufig so kühl und abwesend wirkt. Der Wassermann-Mann steht dem Skorpion als Hellseher in nichts nach und ist auch genauso unnachgiebig wie dieser.

Es kann ihm übrigens durchaus passieren, daß er Ihren Geburtstag vollkommen vergißt oder Ihnen am Valentinstag keine Blumen mitbringt. Doch vergelten Sie ja nicht Gleiches mit Gleichem, denn der Wassermann-Mann ist insgeheim entsetzlich sentimental. Er würde zwar nicht zeigen, daß er verletzt ist, Ihre Vergeßlichkeit würde ihm aber sehr zu schaffen machen.

Reden Sie sich auch nicht ein, Ihr Wassermann-Traumpartner werde dann schon ein normales, geregeltes Leben führen, sobald Sie ihm einmal klargemacht haben, daß Sie die perfekte Seelengefährtin für ihn sind. Das hieße soviel, wie von einem Leoparden zu erwarten, daß er die Flecken in seinem Fell verschwinden läßt.

Solange Sie sich gegenseitig geistig anregen, stimmt es auch sexuell zwischen Ihnen, doch muß beides Hand in Hand gehen. Der Wassermann-Mann kann sich von seinen diversen Engagements genauso leidenschaftlich erregen lassen wie von Ihnen. Sie brauchen deshalb nicht die zweite Geige zu spielen, müssen sich jedoch auf nächtelange Diskussionen über seine Ideen mit ihm gefaßt machen.

Das Leben mit einem Wassermann-Traumpartner kann sehr amüsant sein und wird auf jeden Fall nie langweilig. Sie werden sich manchmal schwarz ärgern über ihn, zuweilen aber auch vor Glück im siebten Himmel schweben. Der Wassermann-Mann läßt sich gern mit Geschenken verwöhnen. Er mag alle möglichen Geräte (die neuesten Errungenschaften auf dem Gebiet der Weltraumtechnologie zu verfolgen, gehört zu seinen Hobbys). Kaufen Sie ihm also zum Beispiel ein Teleskop. Auch Software für seinen Computer, ein automatischer Diaprojektor, ein solarenergetisch betriebener Taschenrechner oder ein Aktenkoffer aus Aluminium würden ihm sicher gefallen.

Auch wenn es überaus lange dauern mag, bis er Ihnen endlich seine Gefühle offenbart, wenn das Eis einmal endgültig gebrochen ist, wird er sich als perfekter Liebhaber und als der beste Freund entpuppen, den Sie je hatten.

Sie ist faszinierend unkonventionell

Wenn Ihre Traumpartnerin im Sternzeichen des Wassermannes geboren ist, stimmen natürlich viele ihrer Eigenschaften mit denen ihres männlichen Pendants überein, da auch sie von Uranus beherrscht wird.

Vergessen Sie jedoch nie, daß die Gefühle einer Frau sich sehr von denen eines Mannes unterscheiden.

Eine Wassermann-Frau mag kühl, distanziert und in ihrer eigenen Welt befangen scheinen, doch ist sie so leidenschaftlich wie jedes feurige Sonnenzeichen, sobald sie ihren Gefühlen freien Lauf läßt. Sie sucht nach einem Mann, dessen Intellekt dem ihren gewachsen ist und der im Bett und auch sonst der vollkommene Gefährte sein kann. Sie macht sich nichts aus Ihrem Geld! Es ist ihr wichtiger, daß Sie was im Kopf haben. Sie stürzt sich nicht kopflos in eine Affäre. Bevor Sie ihr Liebhaber werden können, müssen Sie erst ihre Freundschaft gewonnen haben – und das geschieht nicht über Nacht. Sie werden sogar recht lange brauchen, um zu merken, ob sie überhaupt an Ihnen interessiert ist.

Die Wassermann-Frau engagiert sich häufig ganz besonders für eine bestimmte Sache. Vanessa Redgrave beispielsweise in der Politik. Mia Farrow hat mehrere Kinder adoptiert (zusätzlich zu ihren eigenen), und Farrah Fawcett spielte in einem Film nach realen Geschehnissen eine mißhandelte Frau, um auf das Problem aufmerksam zu machen. Oder hören Sie sich doch die Texte von Carole Kings Songs an.

Wenn Sie sich so heftig in eine Wassermann-Traumpartnerin verlieben, daß Sie sie schließlich ehelichen, dürfen Sie kein ruhiges, regelmäßiges Leben erwarten. Ihre Wohnung wird vermutlich gerade dann, wenn Sie Entspannung nötig hätten, voller Menschen sein. Sie werden auf Ihr Essen warten müssen, weil sie gerade das Protokoll einer politischen Versammlung zu Papier bringen muß.

Versuchen Sie nicht, sie zu betrügen. Sie liest es sofort aus Ihren Augen. Auch wenn sie eine große Verfechterin der Freiheit für beide Geschlechter ist, bedeutet das nicht, daß in fremde Betten gehüpft wird. Sie führt ihr Leben allerdings, wie *sie* es für richtig hält, und Sie müssen sich danach richten, wenn Sie wollen, daß sie bei Ihnen bleibt.

Die Wassermann-Frau weiß, was es bedeutet, unabhängig zu sein. Das ist eine ihrer Stärken. Und sie macht immer wieder davon Gebrauch, sobald es nötig ist. Ihr Verhalten ist nicht vorhersagbar und zudem unerhört unkonventionell. Sie kann Sie damit fast um den Verstand bringen, aber sie ist unbestritten eine der faszinierendsten Frauen, denen Sie überhaupt begegnen können. Sie wissen allerdings nie, was Sie am nächsten Tag erwartet. Nicht daß sie launisch wäre oder wankelmütig. Ihr fällt einfach immer wieder etwas Neues ein. Zählen Sie also lieber nicht darauf, daß sie sich nach bestimmten Regeln verhält, sonst gehen mit Sicherheit auch die bestdurchdachten Pläne baden.

Sie weiß, daß sie sich von anderen Frauen unterscheidet. Sie genießt das sehr – warum auch nicht? Sie brilliert auf allen Partys. Die Wassermann-Frau hat zahllose Bekannte: Ihre echten Freunde lassen sich aber an den Fingern einer Hand abzählen. Sie tut alles für jeden, schart alle lahmen Enten um sich, aber sie will nur mit wenigen Menschen eng befreundet sein. Und selbst diesen fällt es manchmal schwer zu glauben, daß sie sich viel aus ihnen macht – was aber in Wirklichkeit durchaus der Fall ist.

Der Wassermann ist ein Meister im Verbergen von Gefühlen. Wer in diesem Sternzeichen geboren ist, scheint es für Schwäche zu halten, Gefühle zu zeigen, und auch Angst davor zu haben, daß es gegen ihn verwendet werden könnte, sei es, daß seine Freiheit eingeschränkt oder er in Zukunft verletzbar sein könnte.

Dennoch verfügt die Wassermann-Frau über soviel Kraft, daß sie stets bekommt, was sie haben will. Sie ist die Frau der Zukunft, ihre Ideen eilen ihrer Zeit oft weit voraus, und sie ist in der Lage, sie jedem, der daran interessiert ist, umfassend und begeisternd darzulegen.

Die Wassermann-Frau sucht nach einem Partner, der sie wirklich versteht. Bevor Sie nicht durch die äußere Fassade ihrer Persönlichkeit gedrungen sind – manchmal ein langwieriger, harter Kampf –, werden Sie nicht erfahren, was sie antreibt. Sie sucht nicht nach einem Mann, der immer nur zustimmend nickt; auch nicht nach jemandem, der sie ständig bevormunden will (obwohl gerade das dem ihren entgegengesetzte Zeichen, der Löwe, ein perfekter Partner für sie sein könnte, aber nur, wenn sie seinen Verstand genauso respektieren kann wie sein gebieterisches Gehabe).

Manchmal ist die völlig unkonventionelle Lebensweise der Wassermann-Frau nur schwer zu ertragen. Doch punkto Sex kann sie so irdisch sein wie wir alle. Wenn Sie sich jedoch einbilden, sie gehöre nun Ihnen auf ewig, nur weil sie mit Ihnen eine Affäre begonnen hat, täuschen Sie sich gewaltig. Sex allein reicht ihr nicht, es muß auch eine Vereinigung der Geister stattfinden.

Sie werden bald merken, daß Sie eine höchst komplizierte Frau kennengelernt haben. Sie ist eine Romantikerin, die im einen Augenblick warmherzig und liebenswürdig sein kann, aber im nächsten schon wieder distanziert und in Gedanken und Gefühlen weit weg. Sie mag ihre eigenen Wege gehen, ist dabei aber nie unehrlich. Seien Sie es also auch nicht.

Wenn Sie einer Wassermann-Frau begegnen, müßten Sie eigentlich ihr Zeichen rasch erraten können. Falls nicht, sollten Sie ihr in der Unterhaltung etwas auf den Zahn fühlen und darauf achten, was für Kleider sie trägt. Sie mag den Folklore-Look, kombiniert dieses mit jenem, Teures mit Billigem – Hauptsache, es fällt durch Originalität auf. Denn sie hebt sich gern mit originellen Kleidern von der Menge ab und weiß sie auch aufzutreiben, ohne ein Vermögen auszugeben.

Gut möglich, daß sie einen interessanteren Beruf hat als die meisten Frauen, denen Sie in letzter Zeit begegnet sind. Wo aber können Sie eine Wassermann-Frau finden, wenn Sie immer schon eine solche als Seelengefährtin gesucht haben? Vielleicht hat sie sich voll in die

Politik gestürzt, macht neben ihrem Job noch Sozialarbeit oder beaufsichtigt vernachlässigte Kinder. Sie bringt Dinge ins Rollen, setzt alle möglichen Hebel in Bewegung, und nie wird ihr etwas zuviel, von dem sie ernsthaft überzeugt ist. Da sie außerdem sehr kontaktfreudig und gesellig ist, ist sie auch immer dort anzutreffen, wo viel los ist. Sie liebt spontane Einladungen zu Partys oder gibt aus Jux vielleicht auch mal eine Bekanntschaftsanzeige auf.

Ihre Vorlieben und Abneigungen wechseln ständig und sind genauso ungewöhnlich wie sie. Sie läßt sich gern überraschen und will nicht übergangen werden. An einem Tag genießt sie es, verwöhnter Mittelpunkt zu sein, am nächsten macht es sie wahnsinnig. Sie geht überall hin, macht alles mit und will in jeder Hinsicht einzigartig sein. Auch wenn sie so tut, als ob sie durchaus nicht nach jemandem suchte, der ihren unruhigen Geist zähmt, ist doch ein Teil von ihr bereit, einen Mann als Traumpartner zu akzeptieren, vorausgesetzt, sie kann zu ihm aufschauen und er will nicht Tag und Nacht über sie bestimmen.

Einer Wassermann-Frau etwas zu schenken ist eine wahre Lust. Beim Auspacken von Paketen freut sie sich wie ein Kind. Je origineller das Geschenk, desto glücklicher ist sie. Sie brauchen also mehr als eine Freistunde, um nach einem verrückten T-Shirt, einem ausgefallenen Tranchierbesteck aus rostfreiem Stahl oder Silberschmuck zu fahnden. Sie würde sich außerdem über eine tropische Pflanze für ihre Wohnung, einen kabellosen Fön oder ein hochmodernes Gepäckstück freuen.

Eine Wassermann-Frau zu verführen ist eine Kunst. Sie brauchen dazu eine ganze Menge Geduld. Sogar Casanova mußte sich mit Sicherheit ordentlich ins Zeug legen, bevor eine Wassermann-Frau seinem Charme erlag.

Sie ist nun mal eine feste Burg, die nicht in einer Nacht zu erstürmen ist. Doch es lohnt sich, zu warten. Geben Sie also nicht vorzeitig auf.

Virginia Woolf

Der Scheinwerfer

Das gräfliche Palais aus dem achtzehnten Jahrhundert war im zwanzigsten in einen Klub verwandelt worden. Und wenn man drin in dem großen Säulensaal unter der Lichterflut der Kronleuchter diniert hatte, war es angenehm, auf den breiten Balkon hinauszugehn, von dem man den St. James' Park überblickte. Die Bäume waren schon dicht belaubt, und bei Mondschein hätte man die rosa und cremefarbenen Kokarden der Kastanien sehen können. Aber es war eine mondlose Nacht und sehr warm, nach einem schönen Junitag.

Mr. und Mrs. Ivimey und ihre Gäste saßen kaffeetrinkend und rauchend auf dem Balkon. Wie um sie alle der Notwendigkeit des Sprechens zu entheben, sie, ohne daß sie selbst sich anstrengten, zu unterhalten, kreisten schlanke Lichtstäbe am Himmel. Es war noch im Frieden; eine Übung der R. A. F.: Suche nach feindlichen Flugzeugen. Jetzt hielten die Strahlen inne, stocherten in einem verdächtigen Himmelswinkel, kreisten wieder wie die Flügel einer Windmühle, tasteten wie ungeheure Insektenfühler, um hier die leichenhafte Steinfront eines Hauses zu enthüllen, dort eine blühende Kastanie, und dann traf das Licht plötzlich genau den Balkon, und eine kleine Scheibe leuchtete eine Sekunde lang grell auf – vielleicht ein Spiegel aus dem Handtäschchen einer Frau.

«Seht doch!» rief Mrs. Ivimey.

Der Strahl wanderte weiter. Sie waren wieder im Dunkeln.

«Ihr werdet nie erraten, woran mich das erinnert hat!» fügte sie hinzu. Natürlich fingen sie alle an zu raten.

«Nein, nein, nein.» Sie widersprach. Niemand könne es erraten; nur sie allein wisse es, könne es wissen; sie sei doch die Urenkelin dieses Mannes. Von ihm habe sie die Geschichte. Welche Geschichte? Sie wolle versuchen, sie zu erzählen, wenn es den andern recht sei. Es sei noch Zeit genug vor dem Theater.

«Aber wo soll ich anfangen?» Sie überlegte. «Im Jahr 1820? ... Damals ungefähr muß mein Urgroßvater ein junger Mensch gewesen sein. Ich bin selbst nicht mehr jung» – nein, aber sie war eine gute Erscheinung und noch immer schön – «und er war schon ein sehr alter Mann, als ich ein Kind war – als er mir die Geschichte erzählte. Er war ein sehr stattlicher alter Mann, mit seinem dichten weißen Haarschopf und den blauen Augen. Er muß sehr hübsch gewesen sein, als er jung war, aber wunderlich. Das war nur natürlich», erklärte sie, «wenn man bedenkt, wie sie da lebten. Die Familie hieß Comber. Und die Combers hatten einst bessere Zeiten gesehn. Sie hatten zum Landadel gehört, hatten ein großes Gut besessen, oben in Yorkshire. Aber als er jung war, war nur noch der Turm übrig. Und das Haus – das war nur ein kleines Farmhaus in Wirklichkeit, mitten in den Feldern. Wir waren einmal dort und stöberten darin herum, vor zehn Jahren. Wir mußten den Wagen zurücklassen und durch die Wiese gehn. Es führt keine Straße zum Haus. Es steht ganz allein, das Gras wächst bis an die Tür ... Die Hühner scharrten herum und liefen ein und aus in den Zimmern. Alles war verfallen und verwahrlost. Ich erinnere mich noch, wie plötzlich vom Turm ein Stein herabfiel.» Sie machte eine kleine Pause. «Und da lebten sie», fuhr sie fort, «der alte Mann, die Frau und der Junge. Sie war nicht mit ihm verheiratet, und sie war auch nicht die Mutter des Jungen. Sie war einfach eine Bauernmagd, ein Mädel, das der Alte zu sich genommen hatte, als seine Frau gestorben war. Vielleicht mit ein Grund, daß niemand mit ihnen verkehrte – daß alles dort in Verfall geriet. Aber ich erinnere mich noch an das Wappen über der Tür und an die Bücher. Alte Bücher, halb verschimmelt. Alles, was er wußte, hatte er aus Büchern. Er las und las, so erzählte er mir, in diesen alten Büchern, Büchern, aus denen Landkarten heraushingen zwischen den Seiten. Er schleppte sie hinauf in das oberste Turmzimmer – die durchgebrochene Treppe ist noch da und das Greifseil an der Mauer. Und ein Stuhl steht noch dort oben, ohne Sitz, in der Fensternische; und das Fenster schwingt auf und zu, und die Scheiben sind zerbrochen, – und eine Aussicht über die Hügel, meilenweit...»

Sie hielt inne, als stünde sie dort oben im Turm und sähe aus dem Fenster, das in den Angeln schwang.

«Aber das Fernrohr», sagte sie, «konnten wir nicht finden.» Das Tellergeklapper in dem Speisesaal hinter ihr wurde lauter. Aber Mrs. Ivimey, hier auf dem Balkon, schien verwundert zu sein, weil sie das Fernrohr nicht finden konnte.

«Warum sollte eins dort gewesen sein?» fragte jemand.

«Warum? Aber wenn dort kein Fernrohr gewesen wäre», sagte sie lachend, «säße ich doch jetzt nicht hier.»

Und gewiß saß sie jetzt hier, eine Frau in vorgeschrittenen Jahren, von guter Erscheinung, mit etwas Blauem um die Schultern.

«Es muß dagewesen sein», fuhr sie fort, «denn er hat mir erzählt, wie er dort am Fenster saß, Nacht für Nacht, nachdem die alten Leute schlafen gegangen waren, und durch das Fernrohr die Sterne betrachtete. Jupiter, Aldebaran, Kassiopeia.» Sie machte eine Handbewegung nach den Sternen hin, die jetzt über den Bäumen hervorkamen. Es war dunkler geworden. Und der Scheinwerfer schien heller über den Himmel zu fegen, um dort und da anzuhalten und die Sterne zu betrachten.

«Dort oben waren sie», fuhr sie fort. «Die Sterne. Und er fragte sich – mein Urgroßvater, der junge Mensch, fragte sich: ‹Was sind sie? Warum sind sie? Und warum bin ich?›, wie man sich fragt, wenn man so dasitzt, ganz allein, und niemand hat, mit dem man sprechen kann, und zu den Sternen aufschaut.»

Sie schwieg. Alle schauten sie zu den Sternen auf, die über den Bäumen aus dem Dunkel hervorkamen. Die Sterne schienen sehr dauerhaft, sehr unwandelbar zu sein. Der Lärm von London versank. Hundert Jahre schienen gar nichts zu sein. Sie hatten alle ein Gefühl, als schaute der junge Mensch mit ihnen zu den Sternen hinauf. Sie waren mit ihm auf dem Turm und betrachteten, über die Hügel hinweg, die Sterne.

Hinter ihnen sagte eine Stimme: «Also schön. Dann am Freitag.»

Alle wandten sie sich um, rückten sich zurecht, mit einem Gefühl, als wären sie wieder auf den Balkon heruntergefallen.

«Oh – aber es war niemand da, der das zu ihm hätte sagen können», murmelte sie. Das Paar stand auf und entfernte sich.

«Er – er war ganz allein», fuhr sie fort. «Und es war ein schöner Sommertag. Ein Tag im Juni. Einer dieser vollkommenen Sonnentage, an denen alles stillzustehn scheint in der Hitze. Unten im Hof pickten die Hühner; der alte Gaul stampfte im Stall; der Vater war über seinem Glas eingenickt. Die Frau scheuerte Eimer in der Spülküche. Vielleicht fiel ein Stein vom Turm herab. Der Tag schien kein Ende zu haben. Und er hatte niemand, zu dem er sprechen konnte – und hatte gar nichts zu tun. Die ganze Welt lag vor ihm ausgebreitet. Das Auf und Ab der Hügel; der Himmel über den Hügeln; Grün und Blau ins Unendliche.»

In dem ungewissen Licht konnten sie sehn, wie Mrs. Ivimey auf die Brüstung gelehnt dasaß, das Kinn auf die verschränkten Hände gestützt, als schaute sie von einem Turm über die Hügel.

«Nichts als Himmel und Hügel, Himmel und Hügel ins Unendliche», murmelte sie. Dann machte sie eine Bewegung, als schwenkte sie etwas in die richtige Stellung.

«Aber wie sah die Erde aus durch das Fernrohr?» Mit einer schnellen kleinen Bewegung der Finger schien sie jetzt an etwas zu drehn.

«Er stellte es ein», sagte sie. «Er stellte es auf die Erde ein. Er stellte es auf die dunkle Masse von Wäldern am Himmelsrand ein. Er stellte es ein ... bis er jeden Baum sehen konnte ... jeden einzelnen Baum ... und die Vögel ... wie sie aufflogen und sich fallen ließen ... und einen Rauchfaden ... da ... zwischen den Bäumen ... Und dann ... tiefer ... tiefer ... (sie senkte den Blick) ... da war ein Haus ... ein Haus zwischen den Bäumen ... ein Farmhaus ... jeder Ziegelstein war zu sehn ... und die grünen Kübel rechts und links der Haustür ... mit Blumen darin, blauen und rosaroten, vielleicht Hortensien ...» Sie hielt inne ... «Und dann trat ein Mädchen aus dem Haus ... sie hatte etwas Blaues um den Kopf ... und sie stand da ... und fütterte die Vögel ... Tauben ... sie kamen und flatterten um sie herum ... Und dann ... Schau! ... Ein Mann ... Ein Mann! Er kommt um die Ecke. Er umarmt sie! Sie küssen einander ... küssen einander.» Mrs. Ivimey öffnete und schloß die Arme, als küßte sie jemand. «Es war das erstemal, daß er einen Mann eine Frau küssen sah – und durch sein Fernrohr – über alle die Hügel – Meilen und Meilen weit weg!»

Sie schob etwas von sich – offenbar das Fernrohr. Und saß nun aufrecht.

«Da lief er die Wendeltreppe hinunter. Er lief durch die Wiesen. Er lief die Heckenwege entlang, auf die Landstraße hinaus, durch den Wald. Er lief Meilen und Meilen, und grade als die Sterne über den Bäumen erschienen, erreichte er das Haus...»

Sie hielt inne, als sähe sie ihn.

«Und dann, und dann... Was tat er dann? Was sagte er? Und das Mädchen...» drängten sie alle.

Ein Lichtstrahl fiel auf Mrs. Ivimey, als hätte jemand die Linse eines Fernrohrs auf sie eingestellt. (Es war die R. A. F. auf der Suche nach feindlichen Flugzeugen.) Sie war aufgestanden. Sie hatte etwas Blaues um den Kopf. Sie hielt die Hand vorgestreckt, als hielte sie eine Tür offen, ganz erstaunt.

«Ach, das Mädchen... das war doch –» sie zögerte, als hätte sie sagen wollen «ich selbst», und sagte dann, als wäre es ihr eingefallen, sich verbessernd: «das war doch meine Urgroßmutter.»

Sie wandte suchend den Blick. Ihr Umhang lag auf dem Stuhl hinter ihr.

«Aber erzählen Sie uns doch – was war mit dem andern Mann, dem Mann, der um die Ecke kam?» wurde sie gefragt.

«Der Mann? Oh, der!» murmelte Mrs. Ivimey und bückte sich, nach ihrem Umhang tastend (der Scheinwerfer war von dem Balkon weggeglitten).

«Der – der verschwand vermutlich.»

«Das Licht», fügte sie hinzu und suchte ihre Sachen zusammen, «fällt immer nur so auf einzelne Stellen.»

Der Scheinwerfer war weitergewandert. Er war jetzt auf die glatte breite Fläche des Buckinghampalastes gerichtet. Und es war Zeit, ins Theater zu gehn.

Sinnlichkeit im Zeichen des Wassermanns

Die Wassermann-Frau kennt keine Tabus

Den hohen Maßstäben der Wassermann-Frau ist nicht leicht zu entsprechen, und sie verlangt unbedingt, daß ein Liebhaber ihr die gebührende Achtung entgegenbringt.

Zur Eile angetrieben werden mag sie gar nicht. Beim ersten Stelldichein erwarte man ja nicht, daß der Abend im Bett enden wird. Auch die zweite Zusammenkunft ist für sie noch nicht der Beginn einer Liebelei. Sie ist nicht prüde, aber man muß sie überzeugen, daß sie nicht einfach als Gelegenheitsliebchen angesehen wird.

Die Wassermann-Frau ist empfindsam und hat einen starken Intellekt. Sie ist durchgeistigt.

Freunde regen sie an. Sie ist gern unter Menschen, schwelgt in Geselligkeit und ist immer bereit, von Leuten, die sie mag, eine Einladung in letzter Minute anzunehmen. Da sie im Grunde ehrlich und offen ist, kann sie schlecht lügen. Sie möchte nicht die Unwahrheit sagen. Wenn sie einem Menschen zugetan ist, legt sie ihre Seele bloß, oft auf unkluge Weise.

Sie verstrickt sich ins Leben anderer, und das mit großer Hingebung. Manchmal erteilt sie Ratschläge, die weder gebraucht noch gewünscht werden.

Männerarbeit macht ihr nichts aus. Wenn nötig, würde sie einen Job als Automechaniker, Straßenbauer oder

Maurer annehmen; doch meistens findet man sie auf einem hohen leitenden Posten.

Sie spricht auf Herausforderung an. Sie begrüßt jede neue Gelegenheit, übernimmt jede neue Verantwortung, weil sie überzeugt ist, allen Anforderungen gewachsen zu sein. Da sie intelligent ist, vor keinem Versuch zurückschreckt und die Beweggründe anderer versteht, hat sie auch meistens Erfolg. Am besten entfaltet sie sich in der Zusammenarbeit mit anderen, eine Eigenschaft, die kluge Leute sehr zu schätzen wissen.

Als echte Humanistin liegen ihr die Weltprobleme am Herzen. Man findet sie an der vordersten Front im Kampf für soziale Gerechtigkeit und immer auf der Seite der Unterdrückten. Ihr angeborenes Einfühlungsvermögen und Mitgefühl machen sie sehr empfänglich für die Leiden anderer. Aber sie gehört nicht zu den sich zur Schau stellenden Wohltätern, die als Entgelt für ihre Bemühungen Anerkennung und Liebe verlangen. Sie vertieft sich so sehr in die Arbeit selbst, daß sie die Menschen, für die sie tätig ist, beinahe aus den Augen verliert. Sogar wenn sie ganz stark beteiligt ist, tritt dieses Unpersönliche, Distanzierte zutage.

Vor allem aber hat sie den Mut, zu ihren Überzeugungen zu stehen, und wird ihnen bis zum bitteren Ende treu bleiben. Wenn ein Projekt fehlschlägt, ist sie nicht niedergeschlagen, weil man ihres Erachtens von einem Mißerfolg ebensoviel lernen kann wie von einem Erfolg. Ein würdiger Versuch, der fehlschlägt, ist für sie mehr wert als irgendein geringfügiger Erfolg, denn er bedeutet für sie die Herausforderung, die Sache nochmals anzupacken und einen zweiten Versuch zu machen.

Sie ist zwar bezaubernd, unterhaltend und phantasievoll, aber sie kann auch eigensinnig sein. Zum Beispiel neigen viele Wassermann-Frauen zum Okkulten, und man wird feststellen, daß es unmöglich ist, sie von ihrem Glauben ans Übersinnliche abzubringen. Wenn sie überzeugt sind, etwas zu «wissen», lassen sie sich weder durch Argumente noch durch Tatsachen ins Wanken bringen. Sie berufen sich darauf, daß sich sogenannte Tatsachen oft als falsch erweisen, wenn man sie nur unter Aspekten betrachtet, die andere gar nicht sehen. Wenn sie sich einmal ihre Meinung gebildet haben, kann kein anderer sie dazu bringen, sie zu ändern.

Da die Wassermann-Frau ein tiefes Bedürfnis nach Liebe und Kameradschaft hat, findet sie das andere Geschlecht ungemein anziehend. Sie sucht jedoch den vollkommenen Gefährten und hat große Schwierigkeiten, sich zu entschließen. Infolgedessen heiratet sie meistens spät im Leben, und ihre Wahl überrascht dann ihre konventionellen Freunde. (Überhaupt schockiert sie ihre konservativen Bekannten immer mit ihrer Einstellung zu Streitfragen.) Sie ersehnt einen Mann, der es ihr ermöglicht, sich wirklich als Frau zu fühlen; Rasse, Hautfarbe und Religion spielen dabei gar keine Rolle.

Sie liebt schöne Dinge, einschließlich aller Teile des menschlichen Körpers. Man sollte nicht vergessen, ihr zu sagen, wie wundervoll man ihren nackten Körper findet. Diese Frau braucht Bewunderung.

Sie ist sehr ordentlich. Während der Mann sich wohlig und faul auf dem zerwühlten Lager räkelt, steht sie auf, um das Bett zu machen.

Sie kann intensiv, nervös und, wenn frustriert, nörgelig sein. Sie ist auch verschwenderisch und in bezug auf persönlichen Komfort sogar extravagant. Natürlich wird sie niemals zugeben, daß das ein Fehler sei. Sie findet Menschen, die ihr Leben der Jagd nach dem Geld widmen, oberflächlich oder nicht ganz normal. Geld ist für sie nur zum Ausgeben da – man kauft sich damit, was man sich wünscht. Und sie tut alles, um das zu bekommen, was sie sich wünscht.

Die Wassermann-Frau ist ein Langsamstarter. Sie idealisiert die Liebe. Sie muß viel Zärtlichkeit einschließen. Liebe ist die Musik Mozarts und nicht die der Rolling Stones.

Sie überschüttet den Geliebten mit Zärtlichkeiten. Tatsächlich kommen Wassermann-Frauen oft zu kurz, weil sie in ihrem Verlangen, gefällig zu sein, die eigenen Bedürfnisse hintanstellen.

Die Wassermann-Frau wird zum Spielball desjenigen, der ihr Mitgefühl ausnützt, denn wenn sie einen Mann wirklich liebt, muß sie seine Seele genauso lieben wie seinen Körper.

Der Wassermann-Mann – ein Connaisseur der Ouvertüre

Der Wassermann-Mann muß die Frau erst als Menschen achten können, bevor er für ihre weiblichen Reize empfänglich ist. Der erste Kontakt muß sich auf geistigem Gebiet ergeben. Erst wenn er geistig angeregt ist, wird er auch fürs Körperliche zugänglich. Ohne geistige Übereinstimmung kann er nicht zu erotischer Erfüllung gelangen.

Der Wassermann ist entschieden kein Einzelgänger. Er ist großzügig, aufgeschlossen, interessiert sich stark für andere Menschen. Eigentlich ist er nur glücklich, wenn er ins Leben anderer verwickelt wird. Er hat viele Freunde und kann frisch und munter eine ganze Nacht die Probleme eines Freundes diskutieren. Er sucht immer nach einer Lösung, nach der Wahrheit. Er ist ein ausgesprochener Analytiker. Am besten weckt man sein Interesse, indem man ihm ein persönliches Problem unterbreitet. Er ist stets neugierig, erfindungsreich, hilfsbereit.

Scheu und passiv von Natur, wartet er gewöhnlich, bis die Frau den ersten Schritt tut. Sie muß die Initiative ergreifen, wenn sie mit ihm eine Verabredung treffen will. Das heißt jedoch nicht, daß er gleichgültig ist. Für ihn ist Leidenschaft mit Freundschaft verquickt, und Freundschaft entsteht nicht über Nacht.

Er wird nicht gerade von Starkstrom angetrieben. Auch nicht im Beruf. Er ist ein schöpferischer, aber kein harter Arbeiter. Man muß ihn von Zeit zu Zeit aufpulvern, aber sehr taktvoll, denn der Wassermann lehnt sich gegen Beherrschung auf. Er mag keine langen Erklärungen abgeben, und ein kleines Mißverständnis kann ihn in sein Schneckenhaus treiben. Äußerlich zwar kühl, ist er doch sehr gefühlsbetont.

Konformismus darf man nicht von ihm verlangen. Mit Tradition befaßt er sich nur insoweit, als er sie bricht. Nur so gibt es seiner Meinung nach Fortschritt. Wie ein Wassermann einmal gesagt hat: «Man kann die ganze Welt bereisen, und man wird kein Denkmal für einen Menschen finden, der den Status quo begünstigt hat. Niemand errichtet einem Konservativen ein Denkmal.»

Es ist reine Zeitverschwendung, ihn festnageln zu wollen. Er muß frei und unabhängig sein. Natürlich reist er gern. Seine Unabhängigkeit hat öfters die unselige Folge, daß er trotz großem Bekanntenkreis keine wirklich tiefe Freundschaft entwickeln kann. Er scheut die Bande, die fesseln, auch wenn es die Bande der Freundschaft sind.

In Gesellschaft gibt er sich liebenswürdig und scheint entzückt zu sein, neue Menschen kennenzulernen, doch früher oder später merken diese, daß eigentlich kein wirklicher Kontakt besteht. Wassermänner entschlüpfen einem wie Quecksilber. Er fühlt sich schnell gelangweilt und wendet sich dann anderen Menschen, anderen Jagdgründen zu.

Einer Herausforderung tritt er direkt entgegen, sowohl im Beruf als auch beim Sport. Er haßt das «Anwärmen», viel lieber würde er sich sofort in den Wettbewerb stürzen. Im Zeichen des Wassermanns geborene Schauspieler sind bekannt dafür, daß sie ihren Text sehr schnell lernen und ihre Rolle schon bei der Stellprobe auswendig können. Der Wassermann ist für die Bühne begabt und ein vorzüglicher Redner; er hat eine ungewöhnliche Gabe, andere zu überzeugen.

In der Liebe reagiert der Wassermann auf subtile Annäherung und zeichnet sich durch Zärtlichkeit und Phantasie aus.

Er ist ruhelos und ewig auf der Suche nach der vollkommenen Gefährtin. Er verliebt sich leicht, zögert aber, zu heiraten. Wer ihn sich schließlich angelt, wird feststellen, daß ihm ein großartiger Fang geglückt ist. Er ist scharfsichtig, gütig, expressiv, lebhaft und ein guter Menschenkenner. Er liebt die Menschen wirklich und ist bei ihnen beliebt. Mag er auch äußerlich kühl erscheinen, in seinem Innern schwelt es.

Überdies: Obwohl er sich stets zum Neuen und Ungewöhnlichen hingezogen fühlt (Uranus, der Planet des Unerwarteten, ist sein Herrscher), ist er im Grunde treu. Wenn er gelegentlich flirtet, geschieht es nur, weil das Unbekannte ihn natürlich neugierig macht. Man lasse ihm den Zügel locker, und er wird brav wieder heimkommen.

Er kann sehr unterhaltend und anregend sein – für die richtige Frau.

Der Wassermann-Mann nähert sich seiner Auserwählten langsam und rücksichtsvoll. Er genießt die Ouvertüre eine ganze Zeit, bevor er aktiv wird. Das steht im Widerspruch zu seiner Abneigung gegen das «Anwärmen» auf anderen Gebieten, doch die Erklärung ist einfach. Die Ouvertüre ist für ihn ein wichtiger Teil des ganzen Stücks.

Eine Frau, die weiß, was sie will, kann ihn zu allem bringen. Es muß nur taktvoll geschehen, unter Umständen mit Verführungskunst.

So fängt man's an

Den Wassermann muß man verführen – aber mit Niveau

Es ist nicht schwer, einen Wassermann aufzuspüren. Man kann ihn auf einer Gesellschaft finden, in einem Fortbildungskurs, auf Reisen, in der Kirche (er kann sehr religiös sein), im Theater oder in Konzerten (er liebt Musik).

Wassermänner umgeben sich gern mit Menschen und sind groß im Organisieren von Zusammenkünften.

Auf einer Party sind sie leicht zu erkennen. Man halte nur Ausschau nach einer magnetischen Persönlichkeit, einem faszinierenden Gesprächsteilnehmer, der sich auch im Kreise oberflächlicher Leute nicht mit dem üblichen banalen Geschwätz abgibt. Wassermann-Geborene sprechen über Ideen und Ereignisse.

Wer nicht viel liest oder keine Begabung für echte Gespräche hat, für den ist der Wassermann kaum geschaffen. Wie will man ihn dann fesseln? Angenommen, man hat mit ihm etwas gemeinsam: In diesem Falle ist die Grundlage gegeben. Was kann man dann tun, um in seinen Augen Gnade zu finden?

Den Vorschlag für ein Wiedersehen muß man selbst machen. Nicht vergessen, daß der Wassermann im Grunde passiv ist. Schüchternheit ist also fehl am Platz, im Gegenteil, der Wassermann reagiert auf Kühnheit und Zutraulichkeit.

Das erste gemeinsame Unternehmen sollte intellektuell anregend sein: ein Vortrag über ein umstrittenes Thema, ein außergewöhnlicher Film, ein modernes Theaterstück. Alles wird gutgehen, wenn man den Wassermann geistig anregt. Er ist ein Zeitgenosse im wahrsten Sinn des Wortes und über die neueste künstlerische Entwicklung auf dem laufenden. Man wird feststellen, daß seine Kommentare humorvoll und einsichtig sind. Alle nicht alltäglichen Unternehmungen finden bei ihm großen Anklang, etwa der Besuch eines vergessenen Friedhofs, wo man die Inschriften auf den Grabsteinen entziffert, oder ein früher Morgenspaziergang zum Markt, wenn die Lastwagen die Waren bringen. Konventionelle, abgeklapperte Ausflüge mag der Wassermann nicht.

Er schenkt gern und läßt sich gern etwas schenken. Der Beschenkte sollte die Gabe dankbar in Empfang nehmen. Vielleicht sind die Geschenke ein wenig ausgefallen, aber es wäre verkehrt, seine Verblüffung darüber zu zeigen. Für den Wassermann eignen sich Geschenke wie Schach- und Backgammon-Spiele, etwas Handgeschnitztes und Ungewöhnliches. Wassermann-Frauen lieben auffallenden Schmuck und seltenes, ungewöhnliches Parfüm.

Eine Liebesgeschichte wird nicht glatt verlaufen. Man kann vom Wassermann nicht erwarten, daß er wie gewöhnliche Leute reagiert. Er hat andere Antennen, und das läßt sich nicht ändern. Es wird vorkommen, daß man sich durch unvermittelte Distanziertheit verletzt fühlt; die Gründe dafür liegen tiefer in der Rätselhaftigkeit seines Charakters verborgen. Es hat keinen Zweck zu versuchen, dahinterzukommen. Das wäre ein Eindringen in die Privatsphäre, und auf die legt der Wassermann größten Wert.

Ein Hinweis: Man wird wahrscheinlich scharf beobachtet werden. Das scheinbare Zurückziehen des Wassermanns rührt manchmal nur davon her, daß er den andern aus der Entfernung klar umrissen sehen möchte. Eigentlich ist das ermutigend, denn es beweist, daß der Wassermann beginnt, im andern mehr als einen Freund zu sehen.

Lord Dunsany

Das Bureau
d'Echange de Maux

Ich denke oft an das Bureau d'Echange de Maux und den erstaunlichen, boshaften Alten darin. Der Laden befand sich in einer kleinen Pariser Gasse, und sein Eingang war umrahmt von drei braunen Holzbalken, wobei der Türsturz die Seitenpfosten überragte, so daß man sogleich an den Buchstaben *pi* gemahnt war. Alles andre war grünlich getüncht, das Haus war viel schmaler und niedriger als seine Nachbarn, doch bei weitem befremdlicher und ganz dazu angetan, des Betrachters Einbildungskraft zu wecken. Und über dem Eingang des Ladens stand auf dem alten, bräunlichen Balken in verblassendem Gelb «Bureau Universel d'Echange de Maux».

Ohne Zögern betrat ich den Laden und wandte mich an den teilnahmslos auf seinem Sitz hinterm Pult lümmelnden Alten. Ich frug ihn nach dem Weshalb und Wozu seines erstaunlichen Hauses, erkundigte mich nach der Unheilsware, die man hier tauschte, und wollte so manches noch wissen von ihm, denn die Neugierde ließ mich nicht ruhn. Und wahrhaftig: wär *sie* nicht gewesen, so hätt' ich sogleich das Weite gesucht, denn der fette, alte Ladeninhaber sah dermaßen bös aus mit seinen hängenden Bakken und dem verderbten Blick, daß man ihm leichtlich jedes Geschäft mit der Hölle hätt' zutrauen mögen, ja sogar, daß er sie übers Ohr gehauen in all seiner Schlechtigkeit.

Solch ein Mann also war's, in dessen Laden ich stand. Aber das Übelste an ihm waren die Augen. Sie waren so starr, so apathisch, daß man hätt' schwören mögen, ihr Besitzer liege im Opiumrausch oder sei tot. Wie Eidechsen an einer Mauer, so reglos dösten sie hin, doch plötzlich flammten sie auf und verrieten ein Ausmaß von Arglist und Schläue, wie man's noch eben zuvor dem verschlafenen, alten Sünder nimmer zugetraut hätte. Und der Zweck dieses Ladens, die Art der Geschäfte, die man betrieb im Bureau Universel d'Echange de Maux? Man zahlte die zwanzig Franc, die der Alte als Eintrittsgebühr auch mir abverlangte, und hatte das Recht erworben, an Ort und Stelle jede Beschwer, jedes eigene Unglück einzutauschen gegen ein anderes Unglück und andere, fremde Beschwer, die der Alte, wie er es nannte, «vorrätig hatte».

Nun standen da vier, fünf Männer in den schmutzigen Winkeln des niedrigen Gewölbes herum und besprachen zu zweit sich leise und gestikulierend wie Partner, die einen Handel abschließen, und ab und zu traf ein weiterer ein, und jedesmal funkelte es im Blick des schlaffen Besitzers, der all ihre Wege zu kennen schien und auch die besonderen Nöte der Neuangekommnen. Doch dann sank er zurück in sein schläfriges Dösen, empfing mit nahezu lebloser Hand sein Zwanzigfrancstück und probierte die Münze geistesabwesend mit den Zähnen.

«Ein paar meiner Kunden», erklärte er mir. Und der Handel in diesem ungewöhnlichen Laden dünkte mich so erstaunlich, daß ich den Alten trotz seiner Widerlichkeit in ein Gespräch zog und seiner Geschwätzigkeit die im folgenden wiedergegebenen Fakten entlockte. Übrigens sprach er ein recht gutes Englisch, wiewohl jedes Wort ihm nur heiser und schwer von den Lippen ging – doch das mochte in jeder Sprache so sein. Er führte den Laden schon seit undenklicher Zeit, doch seit wie vielen Jahren, das wollt' er nicht sagen. Auch war er viel älter, als es den Anschein erweckte. Die unterschiedlichsten Leute verkehrten in seinem Geschäft. Was sie da austauschten untereinander, das war ihm egal – er sah nur darauf, daß es Beschwer war und Unglück. Sein Gewerbeschein lautete ja auf nichts andres.

Kein Übel gab's auf der Welt, so erzählte er mir, das bei ihm nicht gehandelt würde. Und keines, so wußte er zu berichten, sei jemals verzweifelten Sinns von hier mitgenommen worden. Zwar kam es vor, daß der eine oder der andere Kunde erst abwarten, daß er am nächsten Tag, und auch am übernächsten, wieder hier einsprechen mußte – jedesmal gegen Bezahlung von zwanzig Franc Eintrittsgebühr. Doch der Alte besaß die Adressen all seiner Kunden und wußte in ihren Nöten Bescheid, und so bracht' er recht bald die zwei richtigen Leute zusammen, und die tauschten dann eifrig ihre Artikel. «Artikel», das war des Alten entsetzliches Wort, das er mit greulichem Schmatzen zergehen ließ auf seinen wulstigen Lippen, denn er war stolz auf sein Geschäft, und jederlei Übel kam einem Gut für ihn gleich.

Innerhalb von zehn Minuten erfuhr ich sehr viel von ihm über die Menschennatur – mehr, als ich jemals erfahren von anderen Menschen. Ich lernte, daß jedem sein eigenes Übel das ärgste auf Erden ist, und wie ihr eigenes Übel die Menschen so sehr beunruhigt, daß sie stets das entgegengesetzte Übel eintauschen wollen in dem kleinen, gräßlichen Laden. So tauschte ein Weib, dem es versagt war, Kinder zu haben, mit einem armen, halbirren Kind von zwölf Jahren. Und ein andermal hatte ein Mann seine Weisheit für Narrheit gegeben.

«Aber warum nur hat er dies getan?» fragte ich.

«Das kümmert mich nicht», versetzte der Alte in seiner schwerfällig schläfrigen Art. Er kassierte ja bloß seine zwanzig Franc von jedem Besucher und bestätigte in dem kleinen Verschlag an der Hintertür seines Gewölbes durch Unterschrift den geschlossenen Handel. Doch schien jener Mann, der da Weisheit für Narrheit gegeben, den Laden auf Zehenspitzen verlassen zu haben mit glücklicher, wenn auch törichter Miene, und der andre war nachdenklich fortgegangen mit besorgtem und recht verwundertem Aussehn. O ja, es hatte den Anschein, als wären fast alle Kunden aufs Gegenteil dessen bedacht, was sie bedrückte.

Doch was mir nicht einleuchten wollte in all den Gesprächen mit dem schwerfälligen Alten und was mich noch immer beunruhigt, es ist der Umstand, daß keiner der Kunden, die jemals ein Tauschgeschäft abschlossen in jenem Laden, sich wieder darin gezeigt hat. Wohl kamen durch Wochen sie täglich – doch war der Handel geschlossen, so kehrten sie nimmer zurück. Dies berichtete mir der Alte, doch als ich ihn fragte, weshalb das so sei, murrte er nur, das wisse er nicht.

Einzig um dem Weshalb und Wozu dieses erstaunlichen Sachverhalts auf die Spur zu kommen – und aus keinem anderen Grund –, nahm ich mir vor, eines Tages in eigner Person einen Handel zu schließen in dem kleinen Verschlag an der Hintertür jenes Rätselgewölbes. Und beschloß, ein recht unbedeutendes Übel gegen ein ebenso leichtes zu tauschen, mit so geringem Gewinn, daß er dem Schicksal fast keine Handhabe geben würde, denn ich mißtraute zutiefst all diesen Geschäften, wissend, daß noch kein Mensch jemals Nutzen gezogen aus zaubrischen Dingen, und daß, je wunderbarer sein Vorteil erscheint, er desto gewisser den Göttern oder den Hexen anheimfällt. Aber da ich recht bald schon heimzureisen gedachte nach England und einige Angst vor der Seekrankheit hatte, wollt' ich nicht etwa die Krankheit, nein, bloß die *Furcht* vor ihr tauschen gegen ein andres, nicht minder läßliches Übel. Zwar wußte ich nicht, wer denn mein Partner sein werde und wer nun in Wahrheit den Laden betrieb (wer weiß das schon, wenn er einkaufen geht!), doch glaubte ich fest, daß weder Teufel noch sonst jemand mir viel anhaben konnten bei solch geringem Geschäft.

So eröffnete ich dem Alten mein Anliegen, und er machte sich lustig ob der Geringfügigkeit des «Artikels», ja versuchte sogar, mich zu finstrerem Handel zu überreden, konnte mich aber nicht umstimmen. Da begann er zu prahlen, indem er erzählte, welch große Geschäfte in seinem Laden schon vor sich gegangen: Einmal sei einer gekommen, der habe begehrt, seinen Tod loszuwerden. Er hatte versehentlich Gift eingenommen und wußte, daß er bloß noch zwölf Stunden leben werde. Und der finstere Alte hatte ihm dienlich sein können: Ein Kunde war willens gewesen, den Artikel zu tauschen!

«Was aber hat er gegeben im Austausch gegen den Tod?» fragte ich.

«Das Leben», sagte der gräßliche Alte mit unterdrücktem Gelächter.

«Dann war's wohl ein schreckliches Leben», erwiderte ich.

«Das ging mich nichts an», versetzte der Ladeninhaber und klimperte lässig mit einer Handvoll Zwanzigfrancstücken in der Tasche.

Zeuge befremdlichen Tausches ward ich während der nächsten paar Tage: Sah, wie die sonderbarsten Artikel ihren Herrn wechselten, und vernahm aus den Ecken so manches Getuschel von Paaren, die sich alsbald in jenen Verschlag an der Hintertür des Gewölbes begaben. Und der Alte schlurfte einher hinter ihnen, um den Handel perfekt zu machen.

Eine volle Woche hindurch zahlte ich zweimal am Tag meine zwanzig Franc und sah große Lebensnöte mit an und auch die geringen, wie sie da morgens und nachmittags vor mir enthüllt wurden in erstaunlicher Vielfalt.

Bis eines Tags mir ein freundlicher Mann unterkam, der bloß einen kleinen Wunsch hatte – und auch das geeignete Übel. Nämlich, er lebte beständig in der Angst, der Lift könnte abstürzen. Ich aber wußte zu viel von Hydraulik, als daß mich dergleichen geschreckt hätte, doch lag's nicht an mir, meinen Partner von seiner lachhaften Furcht zu kurieren. Wenige Worte genügten, um ihm zu zeigen, daß meine eigne Beschwer ebenso taugte für ihn wie die seine für mich, denn er fuhr niemals zur See, wogegen ich selbst ja von nun an die Treppe benutzen konnte, so daß ich zutiefst überzeugt war – wie's ja wohl vielen ergeht in jenem Gewölbe –, daß jene absurde Angst vor dem Lift mir nichts anhaben könne. Und dennoch, zuzeiten wird sie mir nun zum Fluch meines Lebens! Nämlich, sobald wir das Pergament gefertigt im spinnwebsverhangnen Verschlag an der Hintertür des Gewölbes und der Alte den Handel beglaubigt hatte (wofür wir ein jeder weitere fünfzig Franc zahlten), schritt ich zurück zu meinem Hotel und sah dort das tödliche Ding auf mich warten. Und man fragte mich, ob ich's benützen wolle, und aus purer Gewohnheit riskierte ich's und stieg ein. Und mußte krampfhaft den Atem anhalten und ballte die Fäuste vor Angst! Nichts in der Welt wird mich in Hinkunft verleiten, dergleichen noch einmal zu wagen! Eher noch wählte ich einen Ballon, um in mein Zimmer zu kommen. Und warum? Wenn mit dem Ballon etwas schiefgeht, so hat man noch immer die Chance, lebend davonzukommen: Er kann sich zum Fallschirm entfalten, nachdem er geplatzt ist, er kann sich in Bäumen verfangen, ja, noch hundert andere Dinge können passieren! Wenn aber der Lift in den Schacht stürzt, so ist man erledigt! Doch was die Seekrankheit angeht, so wird sie mich nie mehr befallen – ich weiß nicht, *warum* das so ist, doch weiß ich, *daß* es so ist.

Doch nun zu dem Laden, darin ich den seltsamen Handel getätigt – dem Laden, den keiner je wieder betritt, sobald sein Geschäft erst perfekt ist. Ich aber ging schon am folgenden Tag wieder hin. Mit verbundenen Augen hätt' ich den Weg finden können durch das armselige Viertel, aus dem eine schäbige Straße zu jenem Durchgang führt, der sie mit der Sackgasse und ihrem befremdlichen Laden verbindet. Ein Geschäft mit einem Portal aus kannelierten, rötlich getünchten Säulen steht an der einen Seite, sein anderer Nachbar ist der Laden eines Vorstadtjuweliers mit allerlei silbernen Spangen und Broschen im Schaufenster. In solch ungleicher Gesellschaft befand sich jenes Gewölbe mit dem balkenumrandeten Eingang und der grünlich getünchten Fassade.

Nach kaum einer halben Stunde stand ich in der bewußten Sackgasse, die ich während der letzten Woche zweimal am Tage betreten. Und fand das Geschäft mit dem gräßlich getünchten Säulenportal und fand auch den Juwelier vor, der da silberne Broschen verkauft. Doch das grünliche Haus mit dem balkenumrahmten Eingang war fort!

Niedergerissen, so werdet ihr sagen, in einer einzigen Nacht. Doch könnte dies nimmermehr das Geheimnis erklären: Denn das Haus mit den kannelierten, rötlich getünchten Stucksäulen und dasjenige des Vorstadtjuweliers mit all den silbernen Spangen und Broschen (die ich Stück für Stück wiedererkannte) – sie standen Mauer an Mauer!

Risikofreudigkeit im Beruf

Die Berufswahl des Wassermanns stellt die Eltern vor nicht geringe Probleme. Liegt ihm in seinem Drang nach allem Neuen nicht von vornherein die Technik, so neigt er gerne zu Utopien. Es stellt sich dann die Frage, ob sich eine Lösung finden läßt, die materielle Sicherheit verbürgt. Der Wassermann fühlt sich manchmal auch von einem vollkommen neuen Erwerbszweig angezogen, dessen Aussichten noch keineswegs geklärt sind. Zusammen mit dem Widder drängt er nach avantgardistischen Berufen, gleichviel, wie groß das Risiko ist. Wenn es ihn auch freut, in solchen Berufen, für die er sich einsetzt, den ersten Platz einzunehmen, so ist demgegenüber die Gefahr zu bedenken, die dieser Einsatz für sein Tätigkeitsfeld bedeutet, in dem die Nachfrage dem Angebot kaum entspricht.

Er darf denn auch keinesfalls wohlwollende Ratschläge zum Erfolg mißachten. Er soll auch nützliche Verbindungen und gutgemeinte Fingerzeige nicht leichtfertig in den Wind schlagen. Zudem muß er seine Grenzen kennen. Er rechne nicht allzusehr mit seiner physischen Kraft und mit seiner stimulierenden Überempfindlichkeit.

Im Grunde taugt für ihn eine Tätigkeit am Rande des bürgerlichen Lebens ungleich besser als eine reine Verwaltungstätigkeit, so verlockend sie auch für ihn sein mag.

Er darf den Wert seiner freien Entschlußkraft niemals übersehen – ebensowenig die Notwendigkeit, seine Kraft in den Dienst der Gemeinschaft zu stellen.

Berufliche Einordnung

Neigung:
Selbständigkeit in größerer Gemeinschaft, zusammen mit ausgeprägtem Sinn für Neuerungen.

Funktionen:
Untersuchungen, Experimente, Technik, Reformen, Bildungswesen.

Ziel:
Der Mensch mit seinen physischen und moralischen Problemen, die Gesellschaft, jede menschliche Organisation, Maschinen, synthetische Produkte.

Handlungen:
Helfen, orientieren, unterrichten, forschen, vervollkommnen.

Arbeitsplätze:
Öffentliche, private, technische Schulen, Bildungsstätten, Erziehungsinstitute, Forschungsstätten für Medizin, Psychologie, Soziologie und Kultur; ferner: Flugplätze.

Möglichkeiten:
a) Elektrizität, Eisen- und Stahlindustrie, Luftfahrt, Ingenieurbüro;
b) Luftverkehr, Flugpersonal, Film-, Radio- und Fernseh-Schaffender;
c) Unterricht, Erziehung;
d) Soziologie, Medizin, Psychologie, Psychotherapeutik, Sozialfürsorge, Gutachten.

Das liebe Geld

Geben ist seliger denn Nehmen!

Der Wassermann-Typ rafft das Geld nicht zusammen. Da er das genaue Gegenteil eines Egozentrikers ist, der allein auf Ellbogen-Politik ausgeht, nimmt er Geldfragen vielleicht allzu leicht. Berühmte Wassermann-Vertreter sind in Not und Elend beinahe umgekommen.

Soll und Haben bedeuten ihm Fremdwörter. Vermögen anzuhäufen steht nicht nach seinem Sinn – nicht nach dem Sinn seines Lebens. Eine gewisse materielle Bescheidenheit sagt ihm eher zu als Geld in allen Taschen.

«Sein» bedeutet ihm mehr als «Haben». Wassermann-Reichtum ist natürlicher Reichtum: Was ihm bleibt in der Stunde des Todes.

Gleich allen großzügigen und uneigennützigen Menschen kann der Wassermann nicht sparen. Küchenabrechnungen sind ihm ein Greuel. Er zahlt, ohne zu markten. Geben ist seliger denn Nehmen! Dennoch hüte er sich vor dem Hang, alles wegzugeben. Er kann sich gegen ihn selbst wenden, wie bei einem Menschen, der unbedenklich Bücher ausleiht und diese eines Tages, wenn er sie benötigt, entbehren muß.

Zu Spekulationen und großen Geschäften fühlt sich der Wassermann nur hingezogen, wenn Uranus im Geburtshoroskop vorherrscht. Doch handelt es sich dabei eher um eine geistige Passion: Die Gier nach Gewinn wird völlig verdrängt durch die Lust am Risiko und am Abenteuer.

Der Wassermann-Chef
sieht die großen Linien

Prüfen Sie die Sache lieber noch einmal nach. Sind Sie sicher, daß er Ende Januar oder im Februar Geburtstag hat? Sie sind vollkommen sicher, daß Ihr Chef ein Wassermann ist? Von Uranus beherrschte Vorgesetzte sind so selten wie Albino-Pandas. Sie können ihn nicht gut an einen Zoo verkaufen, aber er hat immerhin Sammlerwert.

Im Ernst, der typische Wassermann würde lieber verhungern, als die übliche Büroroutine mitzumachen. Die meisten Wassermänner treffen nicht gern Entscheidungen, es ist ihnen unbequem, Anordnungen zu geben, sie haben kein besonderes Verlangen danach, andere zu leiten, und sie passen überhaupt nicht in langweilige Aufsichtsratssitzungen. Das heißt nicht, daß Wassermänner keine tüchtigen Chefs abgeben. Uranus ist voller Überraschungen. Der vollkommen ungeeignete Wassermann-Chef, der sich als unersetzlich entpuppt, gehört dazu.

Wenn gelegentlich ein Wassermann in einer leitenden Stellung anzutreffen ist, belastet mit all den erwähnten negativen Voraussetzungen, so zieht er einfach ein paar neue Tricks aus seinem Hut. Er mag geistesabwesend und vergeßlich, exzentrisch und unberechenbar, abwechselnd scheu und kühn sein, doch hinter diesen seltsamen, ausdruckslosen Augen und der gleichgültigen, zurückhaltenden Miene arbeitet ein umfassender Geist. Dazu kommt eine höchst differenzierte Intuition, die unheimliche Fähigkeit, alles zu analysieren und zu zergliedern und die Tatsachen mit großer Einsicht gegeneinander abzuwägen, und schließlich ein sicherer Instinkt, mit jedem Menschen gut freund sein zu können, vom Lehrling bis zum wichtigsten Kunden der Firma. Bekräftigt wird das Ganze noch durch die Gabe des Wassermanns, die große Linie zu sehen, wo andere in Einzelheiten steckenbleiben. So wenig der durchschnittliche Wassermann für die Rolle des Vorgesetzten geeignet sein mag, wenn es nicht anders geht, schüttelt er sie aus dem Ärmel, als sei er dafür geboren, was ganz bestimmt nicht der Fall ist.

Es gibt natürlich auch die Kehrseite der Medaille. Dieser Chef spricht vielleicht von Ihnen als «meine Sekretärin, Fräulein – äh – äh – Fräulein – wie war doch der Name?». Er wird Sie verrückt machen mit seiner Art, komplizierte Pläne hinter Ihrem Rücken auszuhecken und sie Ihnen erst in letzter Minute zu geben. Und sicher haben Sie unter seiner gräßlichen Angewohnheit gestöhnt, Sie ganz plötzlich an einen anderen Arbeitsplatz zu setzen, ohne Ihnen den Grund für die Änderung zu nennen. Trotzdem ist er recht liebenswert, nicht wahr? Die meisten Wassermänner sind es, wenn man sich erst einmal an ihre seltsame Art, ihre plötzlichen Ideen und unerwarteten Überraschungen gewöhnt hat.

Wenn ich Sie wäre, würde ich nicht versuchen, von einem Wassermann-Chef Geld zu leihen. Wenn er ein typischer Wassermann ist, sieht er es nicht gern, daß die Leute über ihre Verhältnisse leben. Auf Äußerlichkeiten sieht er nicht viel. Er wird keine spontanen Gehaltserhöhungen geben, aber er ist auch nicht geizig. Sie bekommen das, was Sie wert sind, nicht mehr und nicht weniger. Ihr Wassermann-Chef kann sehr großzügig sein, wenn er denkt, jemand habe mehr als seine Pflicht getan. Geben Sie sich keinen Täuschungen hin. Er erwartet, daß Sie Ihr Bestes geben, Ihr Allerbestes. Wenn es weniger ist, besteht die Gefahr, daß Sie höflich und freundlich, aber entschieden fallengelassen werden. Ein Wassermann hat keine Verwendung für Menschen, die herumtrödeln und für ihre Bezahlung nur die halbe Arbeit leisten. Für ihn ist das unehrlich, und Unehrlichkeit haßt er genauso wie die Katze das Wasser.

Was Ihr persönliches Leben betrifft, so hat Ihr Wassermann-Chef nicht die geringste Neigung, Sie zu verurteilen oder Ihnen Ratschläge zu geben. Allerdings möchte er informiert werden, und es ist schwierig, seiner forschenden Neugier zu entkommen. Sie können ihm jedoch alles erzählen, ohne Furcht haben zu müssen, daß er schockiert sein wird. Er ist der beste Kenner der menschlichen Natur im Tierkreis, und er wird niemals auf Sie herabsehen (genausowenig wie er zu Ihnen aufsehen wird). Mit anderen Worten, Sie laufen zwar Gefahr, hinausgeworfen zu werden, wenn Sie Briefmarken stehlen oder einen unerledigten Bericht in Ihrem Schreibtisch verstecken – wenn er jedoch entdeckt, daß Sie Bigamist sind, daß Ihr Vater im Gefängnis gesessen hat oder Ihr Sohn Rauschgift nimmt, so wird er nur mit den Achseln zucken, sich sagen, daß es ja Ihr Leben sei, und Sie wahrscheinlich gegenüber Ihren Kritikern noch verteidigen.

Wenn er auch in persönlichen Dingen seine eigenen Maßstäbe hat, so sind geschäftliche Erörterungen etwas anderes. Er wird wahrscheinlich jeden um seine Meinung fragen, wenn ein neues Verfahren zur Debatte steht, und manchmal sogar einen Untergebenen die Entscheidung treffen lassen. In seiner Verrücktheit ist jedoch Methode, und es ist nicht die gleiche wie bei den unentschlossenen Waage-Menschen. Der Wassermann drückt sich nicht vor der Verantwortung. Er genießt es, mit einem «Ich-habe-es-Ihnen-ja-gesagt»-Ausdruck dabeizusitzen, wenn die Entscheidung, die Sie gegen sein außerordentlich richtiges Gefühl getroffen haben, sich als falsch entpuppt. Er will Ihnen eine Lehre erteilen. Darauf müssen Sie achten. Wassermann-Chefs lassen einem gewöhnlich alle Freiheit, sich selbst eine Grube zu graben. Sie haben Glück, wenn er auch nur einmal erklärt, warum Sie seiner Meinung nach auf der falschen Spur sind. Und wenn er es getan hat, wird er es kein zweites Mal tun. Von nun an übernehmen Sie das Kommando. Sehen Sie zu, daß Sie es schon beim erstenmal richtig verstehen, sonst werden Sie mit Schwierigkeiten zu rechnen haben.

Ein Wassermann-Chef erwartet von Ihnen, daß Sie alles aus der Luft greifen, was Sie nicht mitbekommen haben. Er übersieht dabei, daß andere Menschen nicht die uranische Gabe besitzen, Informationen aufzunehmen, während drei Leute gleichzeitig reden, er eine Orange schält, eine Telefonnummer wählt und einen Berg Rundschreiben durchsieht.

Seien Sie nicht zu gesetzt, wenn Sie mit diesem Vorgesetzten arbeiten. Sonst kommen Sie eines Morgens und entdecken, daß Ihr Büro auf einem anderen Stockwerk liegt und er vergessen hat, es Ihnen zu sagen. Es gibt immer Veränderungen, wo er sich befindet. Vielleicht müssen Sie die beunruhigende Erfahrung machen, daß er eines Tages Ihr ganzes System über den Haufen wirft, ein System, nach dem seit 1870 gearbeitet wird. Statt dessen wird er eine neue Methode einführen, die schneller und übersichtlicher ist. Sie sagen, Sie könnten sich nicht so schnell anpassen? Sie brauchten mindestens sechs Monate, um die Änderung durchzuführen, und das neue System sei Ihnen böhmisch? Das weiß er, keine Sorge. Sie werden es schon schaffen. Er wird warten. Er hat Geduld.

Er hat wirklich Geduld. Unter der Oberfläche mag er von nervöser Neugierde erfüllt sein, aber im allgemeinen nimmt der Wassermann die Dinge ziemlich leicht und erweckt den Eindruck nachdenklicher, ruhiger Überlegung. Im allgemeinen. Natürlich gibt es Zwischenfälle. Hin und wieder ist er etwas exzentrisch, wie damals, als er die Telefonzentrale übernehmen wollte und alles durcheinandergebracht hat, dabei zufällig irgendein großes Tier an die Strippe bekam, einen tollen Kontrakt abschloß – und dann den Namen des Mannes vergessen hatte, als dieser kam, um den Vertrag zu unterschreiben. Aber normalerweise ist er friedlich und beherrscht. Er kann heute wie ein Wasserfall reden und in der nächsten Woche zurückgezogen in seinem Büro sitzen, Mitarbeiter, Kunden und Lieferanten ignorieren und tief in Gedanken versunken sein. Solche Abschnitte der Ruhe sind notwendig für ihn. Wenn Sie auch erst kurz in der Firma sind, er wird Sie als seinen Freund betrachten. Er ist sogar gut freund mit der Konkurrenz. Womit Ihre Firma sich auch beschäftigen mag, das wahre Geschäft Ihres Wassermann-Chefs ist Freundschaft.

Sie werden es kaum erleben, daß seine Frau unerwartet ins Büro kommt. Sie hat Glück, wenn sie weiß, wo er arbeitet. Wassermänner vertrauen ihren Frauen nicht alles an. Seltsam, wie Sie an alle exzentrischen Eigenarten Ihres Wassermann-Chefs denken mußten, als Sie miterlebten, wie er vorige Woche den großen Preis bekam. Sie waren gerade zu dem Schluß gekommen, daß er trotz seiner unberechenbaren Art und seiner verrückten Angewohnheiten einer der bemerkenswertesten Chefs sei, die ein Mensch haben könne. Und dann sahen Sie zufällig unter den Tisch, wo seine Füße, in ordentlichen schwarzen Halbschuhen, ungeduldig auf dem Teppich herumtappten – an einem trug er einen blauen, am anderen einen gelben Sokken.

Als Angestellter
ist er ein Avantgardist

Es sollte Ihnen keine Schwierigkeiten bereiten, Ihren Wassermann-Angestellten zu entdecken. Das ist der mit den vielen Freunden. Sie wissen schon, der, der heute seine Aktentasche vergessen hat – derselbe, der letzten Monat beiläufig in Ihr Büro geschlendert kam, um sich Ihren Füllfederhalter zu borgen und dabei eine Produktionsidee zurückließ, die Ihrer Firma bisher eine Summe von 100 000 DM an Überstunden eingespart hat, nach dem letzten Bericht des Buchprüfers.

Sie werden sich auch bestimmt an den Tag erinnern, an dem Sie ihn eingestellt haben. Sie glaubten erst, er wolle Ihnen ein Abonnement für eine technische Zeitschrift verkaufen, dann dachten Sie, daß er Sie als Förderer für ein Laientheater gewinnen wolle, und kamen schließlich zu dem Schluß, daß er eine von den politischen Meinungsumfragen durchführe. Erst als er schon fort war, wurden Sie sich darüber klar, daß er tatsächlich vorbeigekommen war, um sich um eine Stellung zu bewerben. Wenn Sie sich nicht an ihn erinnern, Ihre Sekretärin wird es ganz bestimmt tun. Wassermann-Männer scheinen eine einzigartige Wirkung auf Frauen auszuüben, selbst solche, die wie vernachlässigte, schlecht ernährte Hunde aussehen. Manche Leute mögen den voreiligen Schluß ziehen, daß der Mutter-Instinkt schuld daran sei, aber sie hätten unrecht.

Die Anziehungskraft auf Frauen besteht darin, daß den Wassermann ihre Existenz vollkommen gleichgültig läßt. Das bringt die Frauen zum Wahnsinn. Dieser Herausforderung können sie nicht widerstehen, daher rächen sie sich entweder damit, daß sie versuchen, ihn zu verführen, oder sie zeigen ihm die kalte Schulter – und keins von beidem wird den geringsten Eindruck auf Ihren Wassermann-Angestellten machen. Er kann einer Mitarbeiterin gegenüber wochenlang völlig blind sein – und sie eines schönen Morgens mit der Erklärung bestürzen, daß ihre Augen genau die Farbe eine Rotkehlcheneies hätten, das er einmal in einem Baum gefunden habe. Sie wird einfach hin sein. Vielleicht kann sie für den Rest des Tages kein Wort mehr tippen.

Das Leben mit einem Wassermann-Angestellten kann erheiternd sein und einen ein wenig außer Atem bringen. Nicht, daß diese Leute lebhaft, besonders auffällig oder Witzbolde wären. Im Gegenteil. Viele Wassermänner sind nüchtern, kühl, zurückhaltend und ziehen sich vor der verrückten Welt zurück. Die einzige Schwierigkeit besteht darin, daß sie sich fünfzig Jahre voraus in die Zukunft zurückziehen, und wenn sie alle paar Tage in die Gegenwart zurückkehren, so haben sie einige ungewöhnliche Ideen mitgebracht. Wenn Sie ein gewitzter Chef sind, holen Sie sich Ihren Wassermann-Angestellten einmal in der Woche ins Büro. Es könnte sich lohnen. Andererseits könnte es auch sein, daß er nach diesem vertraulichen Gespräch mit Ihrem Scheck für irgendeine wohltätige Institution oder ein Forschungszentrum abzieht. Die Interessen des Wassermannes sind vielseitig.

Es ist sehr wahrscheinlich, daß dieser anscheinend ruhige, hervorragende und freundliche junge Mann nicht lange genug bei Ihnen bleiben wird, um Ihnen Gelegenheit zu geben, sich an sein Gesicht erinnern zu können.

Der Wassermann-Mann wird entweder gleich oben beginnen, sich in ein paar Wochen hinaufarbeiten, sich für eine selbständige Tätigkeit als Komponist, Fotograf, Ornithologe, Tänzer, Sänger, Clown, Schriftsteller, Artist, Geologe oder Radio- und Fernsehansager entscheiden – oder er wird kündigen und von einer Stellung zur anderen treiben. «Er sucht sich selbst.» Eines Tages wird er sich auch finden. Bis zu diesem Augenblick der Wahrheit wird unser von Uranus beherrschter Freund lange Zeit umherziehen, experimentieren, lernen, suchen, schauen und neue Freunde finden.

Er ist kein Gefühlsmensch. Seine Einstellung ist sachlich-wissenschaftlich, aber er hat ein starkes Interesse an Menschen und möchte wissen, weshalb sie weinen und lachen. Leider werden seine Ideen und Ansichten oft für irrational und undurchführbar gehalten, aber das liegt nur daran, daß seine Kritiker nicht auf seine Frequenz eingestellt sind – ein halbes Jahrhundert voraus. Stellen Sie sich vor, was Ihre Großmutter fühlte, als irgendein Wassermann ihr in den neunziger Jahren das Farbfernsehen und die Landung der Astronauten auf dem Mond zu beschreiben versuchte. Das gibt Ihnen einen ungefähren Begriff davon, was die von Uranus beherrschten Menschen heute erwartet, wenn sie von einer Zeitmaschine sprechen, die man mit einem Sicherheitsventil ausrüsten könne, so daß man nicht plötzlich im Jahre 1770 lande.

Ihr Wassermann-Angestellter hat vielleicht jede Woche einen neuen Freund. Es ist schwierig für ihn, sich mit nur einem Menschen zufriedenzugeben, da seine Sympathien so vielgestaltig sind. Daher gibt er meist mehr Freundschaft, als er empfängt.

Sie können sicher sein, daß er für sein Gehalt volle Arbeit leistet. Er ist ein gewissenhafter Arbeiter, hochintelligent, hat eine ausgeprägte Wahrnehmungsgabe und ein feines Empfinden für alle, die um ihn herum sind. Er nimmt Informationen in sich auf, wenn es scheint, als sei er mit einer abstrakten Theorie beschäftigt. Sein Gedächtnis läßt zu wünschen übrig, aber seine Intuition macht das wieder wett. Er hat seltsame Angewohnheiten, ist freundlich und mitfühlend, meist auch sehr höflich und in der Kleidung höchst unkonventionell. Er ist zuverlässig, ehrlich und hat einen strengen Moralkodex, den er nie verletzt. Er ist Junggeselle und hat ungefähr fünftausend Freunde aller Schattierungen. Wahrscheinlich ist er der wahre Grund für den Hautausschlag Ihrer Sekretärin, dessen Ursachen kein Arzt richtig feststellen kann. Es ist durchaus möglich, daß Ihr Wassermann-Angestellter eines Tages auf der Titelseite einer Illustrierten abgebildet wird, weil er einen Orden oder eine sonstige Auszeichnung erhalten hat. Dann können Sie sagen: «Ich kannte ihn noch, als er...» Er kann auch einige sehr vernünftige Ideen für Ihre Firma entwickeln, durch die sie wahrscheinlich den Anschluß an das nächste Jahrhundert erreicht. Geschäftsgeheimnisse kann man ihm ohne weiteres anvertrauen, und er wird es am besten wissen, wie man Geschäftsfreunde behandelt. Er wird sich mit Ihrem unfreundlichsten Kunden anfreunden und sich wundern, warum jeder sagt, daß so schwer mit ihm auszukommen sei. Für den Wassermann ist er nur ein menschliches Wesen, dessen Persönlichkeit eine faszinierende Seite hat, die man mit ein paar höflichen, direkten Fragen und ein wenig Beobachtung enthüllen kann.

Dieser Angestellte wird Sie nicht ständig wegen einer Gehaltserhöhung bedrängen. Geld steht, neben Frauen, meistens am Ende seines Wunschzettels. Aber er ist gewitzt genug, um seinen eigenen Wert zu kennen, und es wäre unklug, ihn zu übervorteilen. Man wird vielleicht einmal die Augenbrauen seinetwegen in die Höhe ziehen, aber für Skandale oder kleinlichen Büroklatsch wird er selten Stoff liefern. Heftigen Ehrgeiz werden Sie nicht bei ihm finden, aber sein Verstand ist nahezu der beste im ganzen Tierkreis. Wenn Sie zu dem Schluß kommen sollten, daß dieser Mann genug weiß, um Ihr Partner zu werden, so wird er Ihnen das Geschäft nie stehlen – aber er könnte der Firma eines Tages weltweite Anerkennung verschaffen.

Wenn er sich schließlich doch einmal zur Ehe entschließt, werden Sie vielleicht eine gute Sekretärin verlieren, aber Sie wollen doch, daß das arme Mädchen seinen Hautausschlag los wird, nicht wahr?

Heinrich Seidel

Die Versetzung

Herr Oberlehrer Doktor Theophil Rungholt stand mit seiner langen Pfeife in einem ziemlichen «Hecht» an seinem Stehpult und stutzte das schandbare Latein seiner Quartaner zurecht, da ward ihm eine Dame gemeldet, die ihn zu sprechen wünsche.

«Gewiß wieder eine Mutter», murmelte er teils mit Ingrimm, teils mit Resignation, schlachtete mit bluttriefender Feder noch schnell einige besonders fette Böcke und wandte sich dann mit einem Ausdruck strenger, erwartungsvoller Erhabenheit der Tür zu. Er glich in diesem Augenblick mit seinem lockig gesträubten Haar, den hochgezogenen Augenbrauen und dem etwas verwilderten Vollbart ganz «dem Herrscher im Donnergewölk», Zeus, und die lange Pfeife trug er in der Faust wie einen Blitz, der bereit war, jeden Augenblick auf das Haupt eines unglücklichen Widersachers niederzufahren.

Nun öffnete sich die Tür, und herein kam unter ziemlichem Schnaufen eine sehr wohlbeleibte Dame in mittleren Jahren, die, ohne eine Aufforderung abzuwarten, auf den nächsten Stuhl sank und sich mit dem Muff Kühlung zufächelte. Dabei stieß sie in kurzen Abständen heraus: «Verzeihen Sie, Herr Doktor ... mein Herz ... mein Asthma ... drei Treppen ... wir wohnen parterre ... und dann die Aufregung!»

«Womit kann ich dienen?» fragte der Oberlehrer sehr kühl, indem er in seiner abwehrenden Position verharrte.

«Ich bin eine Mutter!» sagte die Frau mit Nachdruck. «Ich bin die unglückliche Mutter von dem Emil Schnäpel, der in Ihre Klasse geht. Ich habe gehört, er soll nicht versetzt werden. Das schneidet tief in mein Herz, noch dazu, wo sonst schon so viel Elend im Hause ist. Mein Mann ist Zahnarzt und hat zu tun, aber der Rheumatismus! Er verdient sein Brot mit Schmerzen. Und dann ich mit meinem Asthma, wo ich dann oft gar keine Luft kriegen kann...»

Herr Doktor Rungholt hatte die Empfindung, daß diese allerdings traurigen Umstände sehr wenig zur Sache gehörten, und da die Frau eine Pause machte, um nach Luft zu schnappen, führte er ein «Ja, das ist alles recht schön, aber—» an.

Die Frau fuhr zusammen, als würde sie von einem Dolchstich getroffen und rief: «Schön? Schön – sagen Sie, Herr Doktor? *Schrecklich* ist es! Wenn Sie es einmal mit anhören könnten, wie wir nachts auf unserem Schmerzenslager liegen und wimmern, mein Mann, weil er das Reißen hat, und ich, weil ich keine Luft kriegen kann, da würden Sie das nicht sagen. Denken Sie nur, die ganze Welt ist voll Luft, nur für mich ist keine da. Und dazu die Sorge um das Kind. O Herr Doktor, wie können Sie da ‹schön› sagen!»

Der Oberlehrer wand sich ein wenig und sagte dann: «Geehrte Frau, ich wollte nur sagen: Das ist alles recht gut, aber –»

«Gut? Aber Herr Doktor, wie kann das gut sein? Das sind jammervolle Schicksale, das sind Leiden, die einen zur Verzweiflung bringen können. Wie kann das gut sein?»

Rungholt wurde ungeduldig. «Darf ich noch einmal fragen», sagte er, «womit ich Ihnen dienen kann? Meine Zeit ist beschränkt.»

Die Frau aber fuhr unbeirrt fort: «Mein Mann ist ein

energischer Mann, er ist ein talentvoller Mann. Wie oft habe ich schon zu ihm gesagt: ‹Karl, ich muß dich bewundern! Wenn du auch das Reißen hast, du leistest doch mehr als andere.› Wenn Sie vielleicht mal 'n Gebiß brauchen oder Ihre Frau Gemahlin? Prima sage ich Ihnen. Und außerdem hat er ja das Zahnpulver erfunden, wo wir so gut mit verdienen. Und wie muß es nun kommen? Mein Mann ist doch Zahnarzt, und Herr Kuhlhase uns gegenüber bloß Zahnkünstler. Aber August Kuhlhase, der mit unserem Sohn in eine Klasse geht, der soll versetzt werden und unser Emil nicht. Wo bleibt da die Gerechtigkeit?»

Der Oberlehrer war nicht ohne Sinn für Humor, und allmählich kam ihm diese Sache doch ziemlich lustig vor. Er lächelte ein wenig und sagte dann: «Geehrte Frau, wenn Ihr Mann auch das Zahnpulver erfunden hat und in seinem Berufe Tüchtiges leistet, so muß man doch von Ihrem Sohne sagen, daß er ein sehr mäßiger Schüler ist, August Kuhlhase dagegen einer der besten in der Klasse. Ich glaube nicht, daß wir Ihren Sohn versetzen können. Soviel ich weiß, leistet er nur im Turnen Besonderes.»

«Ja, Turnen», sagte die Frau, und ein Freudenschimmer ging über ihr Gesicht, da sie doch ein Lob hörte, «das hat er von meinem Bruder. Sehn Sie, als der in dem Alter von meinem Emil war, da ging er mehr auf den Händen rum als auf den Füßen, und den großen Totensprung machte er, daß einem das Herz stillstand und die Luft wegblieb. Er wollte ja damals auch so eine Spezialität werden, wie in den Reichshallen und im Wintergarten auftreten, aber da ist Gott sei Dank nichts von geworden. Jetzt hat er ja die schöne Destillation in der Neuen Grünstraße, wo er so gut mit verdient, und Hausbesitzer ist er ja auch schon. Und was mein Emil ist, da haben Sie noch vergessen: Geographie. In der Geographie weiß er Bescheid. Zum Beispiel von Afrika, wo ja nun unsere Kolonien sind, von Kamerun und Klein-... na, Sie wissen ja, was ich meine... Wie kann man bloß anständigen Ländern, und wenn da auch nur Schwarze wohnen, solche Namen geben.»

Rungholt lachte laut auf.

«Sie lachen, Herr Doktor? Das ist ein gutes Zeichen. Ich wußte es ja gleich, als ich Sie sah, Sie würden nicht so sein. Nicht wahr, Sie werden eine von Kummer und Elend geplagte Familie nicht noch tiefer niederdrücken. Sie werden meinen Emil versetzen. Denken Sie doch an Kuhlhases, die uns gerade gegenüber wohnen, und der Mann ist noch dazu Konkurrent. Ich könnte nie wieder aus dem Fenster gucken, wenn Emil sitzenbleibt.»

«Ich kann Ihnen wenig Hoffnung machen», sagte Rungholt, «aber einen Rat kann ich Ihnen geben. Schicken Sie Ihren Sohn auf die Realschule, auf dem Gymnasium wird er schwerlich weiterkommen.»

Da schoß Frau Schnäpel auf von ihrem Stuhl und gab ihrer runden, kugeligen Gestalt alle Würde, die sie auftreiben konnte: «Herr Doktor», rief sie, «das sagen Sie mir? Wo mein Mann doch Zahnarzt ist und studiert hat, und wir zu den gebildeten Ständen gehören. Herr Doktor, Sie mögen ein sehr gelehrter Mann sein, aber wenn Sie auch noch so viel Vokabeln wissen und alle unregelmäßigen Verba, die meinem Emil so sauer werden, vor- und rückwärts können, und wenn Sie auch Lateinisch und Griechisch und Hebräisch und meinetwegen auch Chinesisch gelernt haben, eins fehlt Ihnen doch, Herr Doktor – ein Herz haben Sie nicht!»

Und damit rauschte sie zur Tür hinaus.

Als die Zeit der Versetzung herangekommen war, geschah das Unerwartete, daß Emil Schnäpel als der letzte gerade noch mit durchrutschte und zur unbeschreiblichen Freude seiner Mutter und zur nicht geringeren seines Vaters als ein wohlbestallter Tertianer nach Hause kam. Bei der sorgfältigen Abwägung seiner Fähigkeiten hatte sich das Zünglein um «ne lütte Idee von 'n Gedanken von 'ne Papierdickte», wie die Maschinenbauer in Mecklenburg sagen, auf die gute Seite gestellt, was er aber weniger seinen wissenschaftlichen Verdiensten als dem Umstande zu verdanken hatte, daß er unter den vielen rauhen Schafen in seiner Klasse noch das glatteste gewesen war.

Am nächsten Tage schon ließ sich bei Herrn Oberlehrer Rungholt eine Dame melden, und herein trat zwar atemlos, aber strahlend, wie ein nach Westen gelegenes Fenster bei untergehender Sonne, Frau Schnäpel.

«Oh, Herr Doktor!» rief sie. «Ich habe Sie verkannt. Ich nehme alles zurück. Sie sind ein guter Mann, Sie sind ein edler Mann.»

Rungholt wehrte alles ab und meinte, wenn es allein nach ihm gegangen wäre, so würde Emil Schnäpel gewiß heute noch ein Senior und Häuptling der Quarta sein.

«Das sagen Sie nur so in Ihrer edlen Bescheidenheit!» rief sie, und dabei machte sie mit einem kleinen Päckchen, das sie zwischen beiden Händen trug, einige vergebliche Vorstöße, die nicht gelangen, weil der Doktor seine beiden Hände krampfhaft auf dem Rücken gefaltet hielt. In diesem Augenblick bemerkte sie durch die halb geöffnete Tür des Nebenzimmers die Frau des Doktors, die dort mit ihrem zweijährigen Kind beschäftigt war. Diese sehen und zu ihr hineinstürzen, war das Werk eines Augenblicks, wie denn überhaupt Frau Schnäpel sich trotz ihrer rundlichen Fülle nicht allein eines lebhaften Gemütes, sondern auch einer merkwürdigen Beweglichkeit erfreute.

«O nun weiß ich», rief sie, «wem ich all mein Glück zu verdanken habe. Diese schönen Augen, diese Züge voll Sanftmut und Güte sagen mir alles. Sie sind eine Mutter, Sie können einem Mutterherzen nachfühlen. O nehmen

Sie dies hier als ein Zeichen meiner ewigen, unendlichen Dankbarkeit!»

Damit drückte sie der jungen Frau das Päckchen in die Hand und war verschwunden, ehe das überraschte Paar zur Besinnung gekommen war. Sie standen beide und sahen sich verblüfft an.

«Ich habe eine schreckliche Angst», sagte die Frau Doktorin endlich, «daß Geld drin ist.»

«Das schicke ich natürlich sofort zurück», rief der Doktor, «und schreibe einen furchtbar groben Brief dabei! – Hahnebüchen!» fügte er mit grimmigem Nachdruck hinzu.

Zaghaft und langsam wickelte die junge Frau das Paketchen aus. Als sie endlich den Inhalt in der Hand hielt, brachen beide Gatten zugleich in ein unauslöschliches Gelächter aus, denn was ihren Augen sich zeigte, war eine Schachtel von Karl Schnäpels weltberühmtem Zahnpulver.

Quellennachweis

An dieser Stelle danken wir den nachstehenden Rechtsinhabern, die uns freundlicherweise den Nachdruck folgender Beiträge gestatteten: Fischer Verlag, Frankfurt: *Virginia Woolf · Der Scheinwerfer;* Insel Verlag, Frankfurt: *Lord Dunsany · Das Bureau d'Echange de Maux* (aus: «Das Fenster zur anderen Welt»); Langewiesche-Brandt Verlag, Ebenhausen: *Lars Ahlin · Man kommt nach Haus und ist nett* (aus: «Erzählungen»); Rowohlt Verlag, Reinbek: *Roald Dahl · Mein Herzblatt* (aus: «Gesammelte Erzählungen», 1970); Scherz Verlag, Bern und München: *André Barbault · Freie Liebe, Risikofreudigkeit im Beruf* und *Das liebe Geld* (aus: «Charakter und Schicksal des Menschen im Tierkreis»), *Carole Golder · Traumpartner der Liebe* (aus: «Die Kunst, ein Sternzeichen zu verführen»), *Linda Goodman · Sein Geheimnis in der Liebe* (aus: «Sternzeichen der Liebe»), *Der Wassermann-Chef sieht die großen Linien* und *Als Angestellter ist er ein Avantgardist* (aus: «Astrologie – sonnenklar»), *Liz Greene · Ordner der Welt* und *Die dunklen Seiten* (aus: «Sag mir dein Sternzeichen, und ich sage dir, wie du liebst»), *Carola Martine · Sinnlichkeit im Zeichen des Wassermanns* und *So fängt man's an* (aus: «Die Sinnlichkeit der Sternzeichen) und *Joseph Polansky · Kleines Psychogramm* (aus: «Glückszeichen der Sterne»); den Erben des Autors: *Thaddäus Troll · Dichterlesung in Funzwang.*

In jenen Fällen, in denen es nicht möglich war, den Rechtsinhaber resp. Rechtsnachfolger zu eruieren, konnte ausnahmsweise keine Nachdruckerlaubnis eingeholt werden. Honoraransprüche der Autoren oder ihrer Erben bleiben gewahrt.